인류 문화의 판타지, 신화

인류 문화의 판타지, 신화

국립제주박물관 문화총서 **9**

인류 문화의 판타지, 신화

국립제주박물관 편

서경문화사

국립제주박물관 문화총서 제9권

『인류 문화의 판타지, 신화』를 발간하며

인류의 역사와 문화는 오랜 시간동안 끊임없이 발전과 변화를 거듭해 왔으며, 오늘날 찬란한 문화를 꽃피우고 있습니다. 이러한 역사 문화 발전의 원동력은 어디서 오는 것일까요?

프랑스의 철학자 파스칼Pascal은 "인간은 생각하는 갈대이다."라고 했습니다. 즉, 인간이 육체적으로는 나약한 존재에 불과하지만 다른 동물들과는 달리 생각할 수 있는 능력이 있다는 것을 말하고 있습니다. 인간은 태어나서 죽을 때까지 끊임없이 생각을 거듭하며 살아갑니다. 또한 인간은 무한의 존재가 아닌 유한의 존재로서 '나는 누구인가?', '죽은 뒤에는 어디로 가는가?' 등과 같은 철학적 질문을 수없이 제기하여 왔습니다. 그러나 어디에서도 명확한 해답을 찾지 못하고, 어김없이 생각의 한계에 부딪쳐 왔습니다.

그렇다면, 우리보다 앞선 시대를 살았던 먼 옛날 우리의 조상들은 어떠했을까요? 그들은 과학기술이 발달한 현대인들보다 훨씬 제한된 경험과 지식으로 인해 합리적인 해답을 찾기 어려웠을 것이 분명합니다. 그러나 다행스러운 사실은 인간이 생각할 수 있고, 상상력을 가진 존재라는 것입니다. 그리고 해답을 찾고자 노력하는 과정에서 인간의 상상력을 바탕으로 신화가 탄생하였다고 할 수 있을 것입니다.

역사는 기록된 역사와 기억된 역사로 나뉘는데 신화와 전설은 후자에 해당합니다. 시간이 흐르면서 사람들에게 기억되던 역사는 어느 시점부터는 말에서 글로 기록되기 시작합니다. 예를 든다면 『삼국유사』에 전하는 한국의 고대 신화들이 여기에 해당합니다. 그 가운데 특히 우리 민족은 단군신화를 빼놓고는 이야기 할 수 없을 것입니다. 이는 한민족 정체성의 상징이며, 다양한 의미들이 내재되어 있어서 그 가치는 말로 표현할 수 없을 정도입니다. 이러한 관점에서 나아가 세계의 신화를 면밀히 살펴본다면, 그 민족의 정체성을 비롯한 다양한 정보들을 알 수 있을 것입니다. 이처럼 우리는 허구처럼 보이는 신화 속 이야기를 통해서 고대사의 정보를 얻을 수 있습니다.

2002년 제1회 박물관 문화강좌를 개설한 이래 매년 우리나라의 역사와 문화, 전통사상 및 동·서양의 역사와 문화 그리고 세계의 신화로까지 그 영역을 확대하여 왔습니다. 금번 문화총서는 국립제주박물관이 아홉 번째로 발간하는 책으로서 『인류문화의 판타지, 신화』라는 주제로 우리나라를 시작으로 일본·중국·시베리아·인도·페르시아·그리스·이집트의 신화까지 각 분야 전문연구자들의 깊이 있는 글들을 수록하였습니다. 아무쪼록 일반인들이 신화를 통해 인류 문화를 다시 한 번 깊이 있게 살펴볼 수 있는 계기가 되기를 바랍니다. 바쁘신 중에도 원고를 집필해 주신 여러 선생님들과 출판을 맡아주신 서경문화사에 감사드립니다.

2010년 봄

국립제주박물관장 권 상 열

목 차

한국 신화를 통해 본
죽음 속의 삶, 삶 속의 죽음

최원오 고려대학교 아세아문제연구소 교수

한국 신화를 통해 본 죽음 속의 삶, 삶 속의 죽음

季路가 감히 죽음을 묻자 孔子가 말했다.
"아직 삶을 알지 못하거늘, 어찌 죽음을 알겠는가?"

- 論語, 先進篇 -

Ⅰ. '죽음과 삶의 신화학'을 이해하기 위한 단서

죽음이란 무엇인가? 또한 삶이란 무엇인가? 이 두 질문은 인간을 이해하기 위해 던질 수 있는 가장 중요한 질문들이라고 생각한다. 지구상의 동물 중 인간 이외의 존재들도 이런 질문을 던질까? 우리가 인간 이외의 동물 세계에서 그들이 어떤 식으로 의사소통을 나누고, 어떤 세계관을 공유하고 있는가에 대한 지식을 완벽하게 갖고 있지 못하고, 설사 약간의 지식을 갖고 있더라도 그것은 부정적 판단을 위한 지식에 지나지 않는다. 그러나 현상적 관찰만을 통해 볼 때, 그 부정적 판단을 위한 지식은 상당히 유효한 것으로 생각되기에, 우리가 위에서 던진 질문과 그에 대한 상식적 수준에서의 의의 규정이 전혀 의미 없지는 않을 것이다.

따라서 이제부터 이 두 가지 질문을 대상으로 그 연관성을 탐색해보고자 하는데, 그 탐색 자료는 한국신화이다. 신화는 얼핏 보면 공상, 또는 상상으로 치부될 수 있는 세계를 형상화하고 있는 것 같지만, 그 이면에는 놀라우리만치 인간 및 인간세계를 잘 설명해줄 수 있는 본질이 숨겨져 있다. 신화를 인류 최초의 철학으로 규정하려는 작업이 자주 시도되었던 것도 신화가 내재하고 있는 이러한 속성 때문일 것이다 (Morgan 2000). 그렇다면 한국신화에서 죽음과 삶은 어떻게 설명되고 있는 것일까? 미르치아 엘리아데는 "죽음은 소멸이 아니라 실존적 차원의(대부분은 일시적인) 변화"(미르치아 엘리아데 1996, 246)라고 규정한 바 있다. 이에 따르자면 죽음은 삶이 실존적으로 변화된 모습일 뿐이다. 과연 그런 것일까? 죽음과 삶이라는 게 실존적 변화가 어디로 향하는가의 문제, 즉 삶이란 존재를 향하는가, 죽음이란 존재를 향하는가의 문제일까?

이 질문에 대한 신화적 대답은 긍정적이다. 실제로 신화를 좀 깊게 읽다 보면 죽음과 삶의 문제라는 게 실존적 차원의 변화로써 설명될 수 있는 것임을 분명하게 파악할 수 있기 때문이다. 그런데 여기서 우리가 놓치지 말아야 할 것은 죽음과 삶이 실존적 차원의 변화를 매개로 긴밀하게 연결되어 있다는 점이다. 이러한 인식은 삶의 실존적 차원의 변화가 죽음이고, 죽음의 실존적 차원의 변화가 삶이라는 단순 도식관계를 떠나, 그 이면에 깔려 있는 죽음과 삶의 유기적 관계를 해명하는 데 유익하게 작용할 것이다. 우리가 여기서 해명해야 할 것은 바로 이러한 '죽음과 삶의 신화학' 이다.

II. 죽음과 삶의 공간에 담긴 철학

이미 눈치를 챘겠지만, 필자는 처음부터 '죽음' 이라는 단어를 '삶' 이라는 단어의 앞에 두었다. 상식적으로 생각해 보자면 삶이 있고 죽음이 있어야 할 것인데 말이다. 그러나 이 글에서는 그러한 상식을 조금 뒤집어 생각해 보는 데서 논의를 시작하는 것도 좋을 것 같아 의도적으로 그 순서를 서로 뒤바꾸었다. 상식을 성찰하기 위해 그것을 뒤집어 생각해

보는 것도 좋은 방법이다.

한국의 신화에서 뿐만 아니라 대부분의 신화에서 죽음과 삶은 창세신화에서의 중요한 신화적 주제이다. 그런데 어떤 창세신화들은 삶(탄생, 출현, 코스모스의 상태 등)을 먼저 얘기하고, 그 뒤에 죽음(분리, 제거, 카오스의 상태 등)을 얘기한다. 또 어떤 창세신화들은 이와는 반대의 순서로 되어 있다. 정확한 통계는 제시할 수 없지만, 필자가 접한 여러 민족의 창세신화를 대상으로 볼 때 후자가 더 보편적이지 않는가 하는 생각을 한다. 그렇다면 한국의 창세신화에서는 어떨까? 한국의 창세신화는 이런 보편성과는 거리가 좀 있어 보인다. 그리고 어떻게 보면 좀 독특한 면모를 보여주고 있기까지 하다. 그것은 바로 본토에서나 제주도에서나 공통적으로 확인되는, 창세신들의 '꽃피우기' 경쟁 신화소 때문이라고 생각한다. 이 신화소에는 우리가 이 글에서 논하고 있는 죽음과 삶의 문제가 잘 갈무리되어 있는 것이다.

한국 본토의 창세신화 〈창세가〉를 예로 들면, 석가와 미륵은 이승을 차지하기 위해 서로 몇 가지 대결을 펼친다. 전부 세 번의 대결을 펼치게 되는데, 마지막 세 번째 대결이 꽃피우기이다. "모란꽃을 심어 놓고 그 앞에 너와 내가 누워 있다가 모란꽃이 모락모락 피어 내 무릎 위로 올라오면 내 세월이오, 네 무릎 위에 올라가면 네 세월이다."(서대석·박경신 1996, 22~23) 연거푸 두 번이나 미륵에게 진 석가가 마지막으로 세 번째 대결을 제안한다. 세 번째 대결이자 마지막 대결이 되는 이 꽃피우기 대결에는 두 가지 중요한 신화적 의미가 담겨져 있다. 하나는 '잠'이라고 하는 것이고, 다른 하나는 '속임수'이다.

정상적인 사람이라면 잠을 전혀 자지 않는 경우는 없다. 잠은 생산적 활동을 위해서는 반드시 필요한 휴식과도 같은 것이기 때문이다. 그런데 이 잠이라는 것은 어찌 생각해보면 '죽음'과도 통하는 것이다. 숨만 쉬고 있을 뿐이지, 의식은 일상의 저편에 자리하고 있는 게 수면상태인 것이다. 모란꽃을 피우기 위해 미륵과 석가가 잠시 누워 있는 행위는 바로 이러한 '잠' 의 비유이자 '죽음' 의 비유이다. 식물은 자신의 모태가 되는 씨가 죽어야 비로소 태어날 수 있고, 애써 피운 꽃을 대지에 떨어 트려 죽였을 때에야 비로소 열매를 맺을 수 있다. 따라서 미륵과 석가가 누워서 모란꽃이 피기를 기다리는 것은 바로 식물의 발아 및 성장 단계에 따른 가사 상태, 즉 거짓 죽음의 상태를 체험하고 있는 것으로 볼 수 있다. 여기서 우리가 파악해낼 수 있는 중요한 것은 죽음이 삶에 앞선다는 것, 또는 삶을 위해서는 죽음이 필연적인 것이라는 점이다. 죽음과 삶은 애초부터 분리될 수 없는 것이었다는 점을 잘 말해주고 있는 것이다. 더 나아가 죽음은 삶을 전제하고 있는 것이고, 삶 또한 죽음을 전제하고 있는 것이니, 죽음과 삶을 분리하여 인식하는 것은 그 현상적 모습에 치중하였을 때인 것이다.

식물 재배는 농경문화 이전에도 있었지만, 그것이 본격화되고 인류의 삶에 있어서 중요한 의미를 갖게 된 것은 농경문화의 시대에 들어와서이다. 그 결과 식물과 대지를 매개로 하여 죽음과 삶이 연속적 변화 과정에 있는 것임이 분명하게 인식된 것이다. 그러나 인간은 식물이 아니라 동물이다. 실존적 차원에서 인간은 식물처럼 죽음과 삶이라는 변화 과정을 가시적으로 보여주지 못하는 한계를 내재하고 있는 것이다. 다시 말해서 식물은 '열매 → 발아 → 꽃 → 열매' 의 가시적 과정을 보여주지만, 동물은 그러한 과정을 가시적으로 보여주기 힘든 것이다. 그리고 신화에서의 죽음과 삶이라는 것은 인간을 초점으로 하여 설명되는 것이 일반적이라는 점에서 실존적 차원에서의 변화의 결과인 죽음과 그 비가시성을 보다 분명하게 하기 위한 장치가 필요하게 된다.

그런데 이러한 장치와 관련하여 한국신화는 상당히 특별한 모습을 보여주고 있다. 이것은 바로 두 번째로 설명하고자 하는 '속임수' 와 관련이 있다. 그리고 그 신화적 '속임수' 는 죽음과 삶을 공간화화는 데 결정적 역할을 하게 된다는 점에서 중요한 의미를 담고 있다. 두 번 거듭하여 내기에서 진 석가는 미륵에게 세 번째 내기인 '꽃피우기' 를 제안하게 되고, 그 내기에서도 질 상황이 되자 석가는 미륵의 무릎 위에 핀 꽃을 꺾어다 자기의 무릎 위에 올려놓고 자기의 승리를 주장하게 된다. 이에 미륵은 석가의 속임수를 눈치 채고 석가의 그런 행위 때문에 이승에는 부정이 만연하게 될 것이고, 자기가 다스리게 될 저승은 부정 없는 올바른 세상이 될 것이라고 예언한다. 산 자들이 거주하는 삶의 세계와 죽은 자들이 거주하는 죽음의 세계는, 이렇게 허망하게 결정되고 만다.

산 자들의 세계인 이승은 최초의 창세신 석가가 그랬던 것처럼 삶이 허망하게 꺾이는 공간이다. 한 번 꺾인 꽃을 대지에 꽂는다고 하여 그 꽃이 열매를 맺을리 만무하다. 따라서 삶의 세계인 이승은 '꽃이 꺾이는 소리'가 울려 퍼지는 세계, 죽음이 근본적으로 예정되어 있는 세계인 것이다. 식물처럼 죽음과 삶을 단계적으로, 또는 순환적으로 반복하여 가시적으로 보여줄 수 있는 존재가 아니라는 데서 발생하는 동물적 존재의 절망과도 같은 소리를, 식물의 속성을 빌어 설명하는 것으로도 불충분하여 삶의 세계인 이승과 죽음의 세계인 저승이라는 공간의 분리를 통해 설명하고 있는 것이다. 주지하다시피 죽음은 시간에 포획되어 있는 대상이다. 시간의 추이에 따라 모든 것은 명멸하게 되어 있으므로 죽음은 영속적 시간을 동반할 수 없는 것이다.

식물의 세계라고 해서 예외일 수는 없다. 다만 시간의 추이에 따라 죽음 속의 삶과 삶 속의 죽음을 가시적이고 연속적으로 보여줄 뿐이다. 그런데 존재론적으로 다른 인간의 죽음과 삶은 이런 식의 설명에 미치지 못하는 근본적 한계를 갖는다. 비록 추상적이기는 하지만 삶의 세계와는 다른 죽음의 세계라고 하는 공간이 요구될 수밖에 없는 이유이다. 이렇게 해서 죽음이라는 시간의 문제는 공간의 문제로 치환된다. 인간에게 죽음과 삶이란 시간의 문제를 본질로 하되, 그 가시적 현상은 공간의 문제인 것이다. 그리고 이를 보다 명확하게 하기 위한 요소가 바로 '속임수'인데, 속임수는 인간 윤리의 문제라는 점을 주목할 필요가 있다. 자신의 욕망을 달성하기 위해 내기의 규칙을 저버렸고, 그 결과 삶의 세

계인 이승에 죽음이 필연적으로 자리할 수밖에 없는 이유가 그 '속임
수' 에 있었기 때문이다.

Ⅲ. 죽음과 삶의 윤리학

죽음이 실존적 차원의 변화라는 것은 분명하다. 다만 그것이 인간의
죽음이었을 때, 신화는 보다 더 충실한 설명을 덧보태려고 한다. 한국신
화에서는 그것이 이승과 저승이라는 공간의 문제로 설명되고 있다. 그
리고 이것이 보다 더 구체화된 것이 〈명진국생불할망본풀이〉(현용준
1980, 108~116)이다. 이 신화에 의하면, 두 여신이 생불(아이의 점지, 산
육을 포함)의 권한을 차지하기 위해 다투다가 그것을 결정짓기 위한 최
후의 시합을 하게 되는데, 그 시합이 바로 창세신들(제주도의 경우는 반
신 쌍둥이)이 했던 '꽃피우기' 이다. 이 시합에서 구삼승할망은 최초의
창세신이 그랬던 것처럼 생불할망의 꽃을 꺾어다가 자기가 피운 것인
양 속임수를 부린다. 그러나 이 신화에서는 그러한 속임수가 통하지 않
는다. 그 결과 구삼승할망은 죽음의 세계인 저승에서 죽은 아이, 보다
구체적으로는 15세 이전에 죽은 아이들을 차지하고 사는 여신으로 좌정
하게 된다. 그뿐만 아니라 이 여신은 15세 이전의 아이에게 질병과 죽음
을 불러일으키는 꽃을 갖고 다니면서 죽음의 여신 역할을 충실하게 수
행한다. 이 신화에서도 보다 더 구체화된 신화적 내용은 죽음과 저승 공
간, 죽음을 유발하는 근본적 원인으로써의 속임수이다. 그 결과 속임수
와 같은 인간 윤리의 문제야말로 삶을 갉아먹는, 삶 속의 죽음이라는 것
을 구체화하고 있다.
인간은 근본적으로 비극적 존재일 수밖에 없다는 주장은 크게 틀린
말이 아니다. 최초 창세신이나 생불신 간의 다툼으로 인해 인간 세계가

규정되었고, 그로 인해 그곳에서 살아가는 인간의 삶 또한 자동적으로 규정되었기 때문이다. 즉 죽음과 인간 윤리라는 문제를 연계시켜 인간의 죽음에는 근원적 차원에서부터 윤리적 요소가 개입되어 있음을 전제하고 있다. 그런데 이러한 신화적 설정과 설명은 여전히 추상적이며 근원적이어서 추가적인 의문을 유발한다. 신화는 철학자들의 논쟁처럼 하나의 대상이나 개념에 대해 색다른 설명을 가하는 경향을 갖고 있기 때문이다. 예컨대, 삶의 세계에 왜 죽음이 개입되어야 하는가, 특히 노소간에 아무런 순서 없이 죽음을 갖이해야 하는가를 보다 가시적으로 설명할 수 있는 신화적 장치 같은 것은 그러한 예 중의 하나이다.

저승에 간 강임은 '인간사람 여자는 칠십, 남자는 팔십 정명으로 차례차례 저승으로 와라' 는 적패지를 붙여두고 오라는 염라대왕의 분부를 받아 인간 세상에 내려오는데, 길이 힘들어서 길 옆에 앉아 있었다.
그때 까마귀가 까옥까옥하면서 나타났다.
"형님아, 그 적패지를 내 앞날개에 붙여주십시오. 인간 세상에 가 붙여두고 오겠습니다."
적패지를 까마귀에게 주었더니, 까다귀가 앞날개에 적패지를 달고 인간 세상에 날아오다, 어떤 밭에서 말을 잡고 있는 것을 보았다. 까마귀는 앉아서 말 피 한 점을 얻어먹고 가려고 까옥까옥 울다보니, 말 잡던 백정이 말발굽을 끊어 잡아 던졌다. 자기를 향해 던진 것으로 생각한 까마귀는 앞날개를 벌려 날았다. 그러자 적패지가 담구멍에 있던 백구렁이에게 떨어져, 그 백구렁이가 적패지를 먹어버렸다.
그때 낸 법으로 뱀은 죽는 법이 없고. 아홉 번 죽어도 열 번 환생한다.
까마귀가 옆을 보니 솔개가 앉아 있었다.
"내 적패지 달라. 까옥."
"안 보았다. 뺑고로록."
그때 낸 법으로 지금도 까마귀와 솔개는 만나면 원수지간이 되어 서로 싸우는 법이다.
적패지를 잃어버린 까마귀는 인간 서상에 날아와 마음 내키는 대로 말해버렸다.
"아이 갈 데 어른 가십시오. 어른 갈 데 아이 가십시오. 부모 갈 데 자식 가십시오. 자손 갈 데 조상 가십시오. 조상 갈 데 자손 가십시오."
　이렇게 말해버리니, 순서 없이 누구나 죽는 법이 마련되었다.

　위의 인용은 〈차사본풀이〉(최원오 2004, 116~117)의 일부인데, 인간
은 왜 노소의 순서에 구애됨이 없이 죽게 되었는가를 설명하고 있다. 저
승의 왕이 이승 인간들에게 내린 명령을 까마귀가 잘못 전달하였기 때
문이라는 게 그 이유이다. 잘못된 전달이라면 이후에 수정하면 될 일인
데, 신화에 그런 일은 좀처럼 기술되지 않는다. 신화에서는 최초의 사건
이 절대적으로 중요한 의미를 갖기 때문이다.
　삶의 세계 속에서 벌어지는 죽음, 특히 노소의 순서를 불문하고 벌어
지는 죽음을 까마귀를 등장시켜 설명하는 방식은 창세신화에서보다는
훨씬 구체적이다. 그렇지만 노소간의 순서 없는 죽음이 신들의 불성실
함에서 비롯된 것이라는 설명은 인간 세계 내에서의 죽음이라는 사건이
윤리적 결함과의 연계 속에 여전히 놓여 있는 문제라는 것, 또한 죽음이
라는 사건은 인간의 손을 떠나 있는 근원적 문제라는 것을 말하고 있다
는 점에서는 크게 달라진 것이 없다.

IV. 죽음에 맞서는 삶의 두 가지 방식과 전회(轉回)의 논리

　죽음이라는 사건이 삶 속에 개입된 것이 신들의 싸움이거나, 그러는
중에 발생한 속임수이거나, 그들의 불성실한 의무 이행에서 비롯된 것
이거나 간에 죽음은 이미 삶의 세계에 너무나도 깊숙이 들어와 뿌리를
내리고 있다. 우리는 늘 삶의 곁에 죽음을 마련하고 있지 않은가. 그 점
에서 삶의 세계에서 죽음에 맞서는 신화가 다수 전승되고 있는 것은 좀
특별한 의미가 있다. 늘 그런 것, 또는 애초부터 고정되어 있는 것으로

써의 죽음에 대한 신화적 반론이 닳다는 것은 그만큼 삶을 역동적으로 살고 싶은 전회적 자세이기 때문이다. 다시 말해서 죽음이라는 사건을 자연적 상태의 것으로써 내버려 두지 않고, 신화적 언술 속으로 끌어들였다는 것 자체가 삶을 정립하기 위한 것으로써의 죽음에 대한 인식이요, 담론화인 것이다.

이와 관련하여 한국신화에서 파악되는 두 가지 전회의 방법을 제시할 수 있을 듯하다. 하나는 〈장자풀이〉(최원오 2004)의 방식이다. 이 신화에서 사마장자는 윤리적으로 결함을 갖고 있다. 남에게 적선을 하지 못할 뿐만 아니라 조상제사를 소홀히 함으로써 윤리적 효마저 행하지 않는 인물이기 때문이다. 특히 윤리적 효의 연장선상에 있는 조상제사는 한국 사회에서의 제사공동체를 유지하기 위한 가장 기본적이자 필수적 행위이다. 그런데 이를 지키지 않았다는 것은, 그가 공동체를 파괴할 소지를 다분히 갖고 있는 사람임을 말해주는 것이다. 사마장자가 죽음의 세계에 다가가는, 아니 죽음의 세계가 사마장자에 개입될 수밖에 없는 상황 설정이라고 할 수 있다. 그러나 우여곡절 끝에 사마장자는 죽음을 모면하게 된다. 그것은 며느리의 조언을 받아들인 사자장자가 점쟁이를 통해 저승사자들이 미리 자신을 잡으러올 날짜를 알게 되고, 그 날짜에 맞춰 저승사자들을 위한 사자상을 지정해준 장소에 차려놓은 때문이다. 삶의 세계에서 펼쳐지는 죽음의 세계와의 위험한 거래인 셈이다. 현실세계에서 이러한 거래가 이뤄질 리는 만무하다. 그럼에도 신화에서 이를 얘기하고 있는 이유, 그것도 여러 지역에서 각기 다른 명칭의 신화(사만이본풀이, 황천혼시, 명두님 등)를 통해 얘기하고 있는 이유는 뭘까? 그것은 앞서 말했듯이 이 신화에서 사마장자가 맞이할 뻔했던 죽음이라는 사건이 자연적 상태로서의 죽음이 아니라는 점에 있다. 이미 신화적 언술 속에 담론화되어 있는 죽음인 것이다. 그리고 여기에는 죽음을 끌어들여 개체적 삶의 균열된 부분을 복원하고 재질서화하려는 의도가 숨겨져 있다.

　　전회의 다른 방법은 〈바리공주〉(서대석·박경신 1996)에서 확인된다. 이 신화에서 오구대왕은 아들을 얻으려는 욕망에 너무 사로잡힌 나머지 일곱 번째로 태어난 공주를 내다버리라는 어명을 내린다. 그도 그럴 것이 이번에는 아들을 낳아야 한다는 집착으로 인해 과도한 기자치성을 퍼부었던 터라서 그 실망감은 이전의 여섯 공주를 출산했을 때와는 사뭇 달랐던 것이다. 그러나 그로 인해 오구대왕 또는 오구대왕 부부는 죽을 병에 들게 되고, 그것을 고칠 약은 저승으로 상징되는 서천서역국에 있다는 것과 버려진 일곱 번째 공주만이 그 약을 가져올 수 있다는 점괘가 나온다. 이 신화에서도 죽음은 인간의 윤리적 문제와 결부되어 있음을 볼 수 있는데, 그 윤리적 죽음은 놀랍게도 윤리적 희생으로 해결된다는 점에서 특이한 모습을 보여주고 있다. 무슨 말인가 하면, 바리공주가 서천서역국에 가서 약수를 길어 오겠다는 약속을 할 때, 그녀는 일종의 이계여행을 가야하는 명분을 제시하게 되는데, 그 명분이란 게 '길러준 정은 없지만 낳아준 정 때문에 가겠다.'는 것이다. 낳아준 정이란 게 무엇인가? 낳아준 이에 대해서는 효도를 다해야 한다는 윤리적 논리가 아니겠는가? 이런 점들을 고려해 볼 때, 〈바리공주〉는 죽음이라는 사건의 발생 및 극복을 모두 인간 윤리와 결부시켜 놓음으로써 죽음에 대한 새로운 전회를 보여주고 있다. 그렇다면 죽음의 극복까지를 윤리의 문제로 전회시킨 논리는 무엇일까? 그것은 이 신화에서의 죽음이라는 사건이 국가(또는 왕통)의 지속과 관련되어 있기 때문일 것이다. 조선시대 유가들에 의해 조상제사를 목적으로 한 귀신담론이 활성화되고, 그것이 결국은 국가통합의 근간이 되었다는 점을 고려해 볼 때 〈바리공주〉에서의 죽음은 이와 상당히 닮은 구석이 있는 셈이다.

　　한편, 〈바리공주〉에는 이와는 전혀 다른 맥락에서 파악되는 중요한 의미가 숨겨져 있다. 이승에서 죽은 사람의 영혼이 저승에서 다시 태어난다고 하는 신화적 사고인데, 이것 역시 〈바리공주〉가 말하고자 하는 죽음과 삶의 관계를 드러내는 중요한 의미망이다. 삶 속의 죽음과 죽음

속의 삶을, 창세신화에서부터 분명하게 제시하였던 이승/저승 공간을 끌어와 보다 구체화하고 있다고 생각되는 것이다. 그래서 이승과 저승은 추상적으로 분리되어 있는 공간이지만, 이 신화에서는 그 두 개의 공간이 보다 상위 개념으로 통합되는 듯한 인상을 준다. 이승에서나 저승에서나 실존적 차원의 변화가 발생하고 있다는 것은, 비록 그 공간에서 발생하고 있는 변화의 순서가 서로 뒤바뀌어 인식되는 경향이 짙음에도 불구하고 무언가 공통의 지점들을 발견하게 해주고, 그것은 우리로 하여금 죽음과 삶에 대한 성찰을 배가시키는 역할을 한다. 물론 전회의 관점이란 측면에서, 여기에도 삶이 근간이 되고 초점이 되는 의미에서의 죽음에 대한 성찰이라는 점이 전제되어 있다는 것은 기억할 필요가 있을 것이다.

이제까지 필자는 한국신화를 대상으로 하여 죽음과 삶의 관계를 간략하게 살폈다. 여러 신화에서 죽음이라는 문제를 다루고 있는데, 여기서 다루지 못한 것도 다수 있음을 언급하지 않을 수 없다. 그만큼 한국신화에서 죽음은 곳곳에서 제기되고 있는 중요한 신화적 주제이다. 그와 관련하여 이 글에서는 죽음과 공간의 문제, 죽음과 윤리의 문제, 죽음과 전회의 문제 등을 특히 중요하게 다뤘다. 그러나 이러한 것들은 결국 삶의 질서와 체계를 세우는 것에 다름 아닐 것이다.

참고문헌

미르치아 엘리아데, 『종교형태론』, 이은봉 옮김, 한길사, 1996.
서대석 · 박경신, 『한국고전문학전집-서사·무가 I 』, 고려대학교 민족문화연구소, 1996.
최원오, 『이승과 저승을 잇는 다리 한국신화』, 여름언덕, 2004.

최원오, 『인간적인 너무나 인간적인 한국신화 2』, 여름언덕, 2005.
현용준, 『제주도무속자료사전』, 신구문화사, 1980.
Morgan, Kathryn A., *Myth and Philosophy from the Presocratics to Plato*, Cambridge University Press, 2000.

인류문화의 판타지, 신화

한국과 일본 신화의 비교

김화경 영남대학교 국어국문학과 교수

▲ 한 · 일간의 교류 경로

한국과 일본 신화의 비교

Ⅰ. 머리말

신화란 그 민족이 가졌던 신성한 과거를 이야기해주는 것이다. 그러므로 신화 속에는 그것을 전승해온 민족이 지녔던 문화와 의식구조가 반영되어 있다고 할 수 있다. 따라서 한국과 일본의 신화를 비교·검토한다면, 그 속에서 한국의 고대문화가 일본 민족과 그 문화의 형성에 끼친 영향의 일단을 밝힐 수도 있을 것이다. 그래서 본 연구에서는 이미 필자가 『일본의 신화』를 저술하면서, 세웠던 가설과 그 증명 과정에서 드러난 몇 가지의 문제점들을 중심으로 이야기를 전개하여 나아가기로 하겠다.

특히 이 과정에서는 일본이 한국을 강점하여 지배하면서 세웠던 식민지적 문화론, 곧 한국 민족과 그 문화의 성립을 남북으로 나누려고 한 연구[1]에 대한 반성을 통해서, 한국 문화의 정체성과 고유성도 아울러 살펴보는 기회를 가지려고 한다는 것을 아울러 밝혀둔다.

---

1) 미시나 쇼에이(三品彰英)는 한국 민족의 근간을 북쪽의 예맥족과 남쪽의 한족으로 구분한 다음, 이를 증명하는 자료로 한국의 북부지방에는 북방 유목문화 계통의 수조신화(獸祖神話)와 감응신화(感應神話)가 분포되어 있고, 남부지방에는 남방 해양 계통의 난생신화(卵生神話)와 방주표류신화(方舟漂流神話)가 분포되어 있다는 것을 들고 있다.

II. 이즈모계 신화와 한국의 동해안 문화

일본신화에는 확연하게 구분되는 세 계통의 신화들이 존재한다. 즉 다카마노하라계(高天原系)와 이즈모계(出雲系), 쯔쿠시계(筑紫系)의 신화들이 그것이다. 여기에서 다카마노하라계가 다카미무스히노카미(高御産巢日神)와 아마테라스오미카미(天照大御神)를, 이즈모계는 스사노오노미코토(須佐之男命)를 주신(主神)으로 하고 있는 데 반해, 쯔쿠시계는 이름이 명확하게 드러나지 않는 바다의 신을 최고의 신격으로 하고 있다.

이렇게 세 계통으로 구분되는 일본의 신화에서 한국의 그것과 밀접한 관련을 가지는 것이 다카마노하라계 신화와 이즈모계 신화이다. 이들 두 유형의 신화는 한국의 서해안 문화 및 동해안 문화와 불가분의 관계를 가졌을 것으로 상정되고 있다. 그렇기 때문에 먼저 한국의 동해안 문화와 관련을 가지는 이즈모계 신화의 문제부터 살펴보기로 한다.

1. 스사노오노미코토 신화

일본 신화에서는 천황의 조상신인 아마테라스오미카미(天照大御神)을 떠받드는 한편, 그녀의 동생으로 기술된 스사노오노미코토(須佐之男命)에 대해서는 어딘가 못마땅한 것 같은 표현을 하고 있어 주목을 끌고 있다.

자료 1 : 스사노오노미코토에 대한 편향된 시각

그리하여 각각 위임받은 명(命)에 따라서 통치를 하였다. 그렇지만 그 중에서 ① 하야스사노오노미코토(速須佐之男命)만은 위임받은 나라를 다스리지 아니하고, 수염이 가슴까지 자랄 만큼 오랫동안 울고 있었다. ② 그 우는 모습은 나무가 말라죽어 푸른 산이 메마른 산이 될 정도로 울었고, 강과 바다가 모두 말라버릴 만큼 울었다. 그 때문에 악신(惡神)들이 내는 소리는 모기처럼 온통 들끓었고, 모든 일의 재앙이 일제히 생겨났다. 그래서 이자나기노오미카미(伊

耶那岐大御神)는 하야스사노오미코도에게 묻기를 "너는 도대체 무슨 까닭으로 위임된 나라를 다스리지 아니하고 소리를 내어 울기만 하느냐?"고 하였다. ③ 이에 하야스사노오노미코토가 괴답하기를 "저는 어머니의 나라인 네노카다스쿠니(根之堅洲國)에 가고 싶어 이렇게 울고 있습니다."라고 했다. 이 말을 들은 이자나기노오미카미는 크게 화를 내면서 말하기를 "그렇다면 너는 이 나라에 살 필요가 없다."라고 하면서, 곧 스사노오미코도를 추방하고 말았다. 그런 다음에 이자나기노오미카미는 아후미(淡海)의 타가(多賀)에 진좌하였다.(荻原淺男 共校註 1973, 73~74)

이 신화에서는 ①에서는 아버지의 말을 듣지 않는 자기 마음대로의 스사노오노미코토를 그리고 있고, ②에서는 그에 따른 피해, ③에서는 어머니 곧, 이자나미노미코토 지향적인 특성을 나타내고 있다. 그래서 그는 천상의 세계에서 추방되기에 이르렀다.

자료 2 : 다카마노하라에서의 추방신화
그리하여 하야스사노오노미코토가 아마테라스오미카미에게 말하기를 "나의 마음은 결백합니다. 그러므로 내가 낳은 자식은 모두 부드럽고 연약한 여자였습니다. 이 같은 결과를 가지고 말씀을 드린다면 분명히 우리들의 서약에서 내가 이긴 것입니다."라고 하였다. 그런 다음에 승리의 기쁨에 못 이겨 아마테라스오미카미가 경작하는 논두렁을 부수고, 그 논에 들어갈 물이 흐르는 개천도 메워 버렸다. 그리고 아마테라스오미카미가 천지의 신에게 햇곡식을 바치면서 제사를 지내는 신전에다 똥을 뿌리기도 하였다.
이처럼 하야스사노오노미코토가 난폭하게 굴었지만, 아마테라스오미카미는 이것을 책망하지 않고 말하기를 "똥과 같이 보이는 것은 술에 취해 토해 놓은 것일 게다. 나의 동생이 분명히 그렇게 했을 것이다. 그리고 논두렁을 부수고 물이 흐르는 개천을 메운 것은 토지가 모자란다고 생각하였기 때문에 나의 동생이 그렇게 하였을 것이다."라고 말하면서, 이를 선의로 받아들였다. 하지만 이와 같은 하야스사노오노미코토의 난폭한 행동은 그치지 않고 날이 갈수록 더욱 심해져 가기만 했다.
아마테라스오미카미가 이미하타야(忌服屋)라는 건물로 들어가 신에게 바칠 옷을 짜도록 시키고 있을 때, 하야스사노오노미코토는 그 건물의 용마루에 구멍을 내어 얼룩말의 가죽을 거꾸로 벗겨 이를 그 곳에 떨어뜨렸다. 그 때 베 짜는 여인이 이를 보고 놀라는 바람에 베틀의 북에 음부가 찔려 그녀는 그만 죽고 말았다. ……중략……

그리하여 여러 신들은 서로 의논하여 하야스사노오노미코토에게 많은 속죄의 물건을 내도록 하고 또 수염과 손발톱을 모두 잘라 죄를 씻게 한 뒤에, 다카마노하라에서 추방하고 말았다.

그런데 천상의 세계에서 추방된 스사노오노미코토가 내려오는 곳은 일본 땅이 아니라 신라 땅이었다. 이런 신화적 기술은 무엇을 말하고 있는 것일까? 이것은 이 신화가 신라 문화와 깊은 연관을 가졌음을 반영하는 것으로 볼 수 있다.

자료 3 : 신라로부터의 이주

스사노오노미코토의 행동이 예의에 벗어났다. 그리하여 여러 신들은 많은 공물(供物)을 과하여 벌하고, 드디어 (다카마노하라로부터) 추방하였다. 이 때에 스사노오노미코토는 그 아들 이타케루노카미(五十猛神)를 데리고 시라기국(新羅國)에 내려와서 소시모리(曾尸茂梨)라는 곳에 있었는데, 이에 더불어 말하기를 "이 땅은 내가 살고 싶지 않다."고 하면서 마침내 진흙으로 배를 만들어 타고 동쪽으로 가 이즈모국(出雲國)의 히강(簸川) 상류에 있는 도리카미봉(鳥上峯)으로 갔다.

그 때 그 곳에는 사람을 삼키는 큰 뱀이 있었다. 스사노오노미코토는 아마노하하기리노쓰루기(天蠅斫之劍)를 가지고 그 뱀을 베어 버렸다. 그 뱀의 꼬리를 벨 때에 칼날이 일그러졌다. 그래서 보니 꼬리 속에 하나의 신검(神劍)이 있었다. 스사노오노미코토는 "이것을 내 것으로 하여서는 안 된다."고 하면서, (그의) 5세손인 아마노후키네노카미(天之葺根神)을 보내어 하늘에 바쳤다. 이것이 이른 바 쿠사나기노쓰루기(草薙劍)이다.

처음 이타케루노카미가 하늘에서 내려올 때에 많은 나무 종자를 가지고 왔다. 그러나 가라 땅(韓地)에는 심지 않고 전부 가지고 돌아왔다. 마침내 쯔쿠시(筑紫)를 비롯하여 모든 오야시마노쿠니(大八洲國)에 심어서 나라 전체가 푸른 산이 되었다. 그 때문에 이타케루노카미를 유공의 신이라고 한다. 곧 기노국(紀伊國)에 있는 대신이 바로 이 신이다.(井上光貞 共校註 1967, 126~127)

자료 4 : 스사노오노미코토의 정착신화

① 그리하여 (스사노오노미꼬토는 다카마노하라로부터) 추방되어 이즈모국 히강(肥江)의 상류, 즉 도리카미(鳥髮)라는 곳에 내려왔다. 이 때 젓가락이 그 강에서 떠내려 왔다. 이에 스사노오노미코토는 그 강의 상류에 사람이 (살고) 있다고 생각하여 찾아 올라갔다. 그랬더니 두 사람의 노부부가 있었는데, (그들은) 어린 딸을 사이에 두고 울고 있었다.

② 이에 (스사노오노미코토가) "너희들은 누구냐?"라고 물었다. 그러자 그 노인이 대답하기를 "저는 지신인 오야마쓰미노카미(大山津見神)의 아들입니다. 저의 이름은 아시나쓰치(足名稚)라 하고 아내의 이름은 데나쓰치(手名椎)라 하며, 딸의 이름은 구시나타히메(櫛名田比賣)라고 합니다."라고 하였다. 또 (스사노오노미코토가) "너희들이 우는 이유는 무엇인가?"라고 물었다. (노인이) "나의 딸은 본래 여덟 명이 있었는데, 고시(高志)의 야마타노오로치(八俣大蛇)라는 뱀이 해마다 와서 잡아먹었습니다. 지금 그것이 올 때이기 때문에 울고 있습니다."라고 대답하였다. 이에 "그 모양은 어떻게 생겼느냐?"하고 물었더니, 대답하기를 "그의 눈은 붉은 꽈리와 같고, 몸뚱아리 하나에 여덟 개의 머리와 여덟 개의 꼬리가 있습니다. 그리고 그 몸에는 넝쿨나무와 노송나무, 삼나무가 돋아나 있고, 그 길이는 여덟 계곡과 여덟 개의 산봉우리에 걸칠 만큼 길며, 그 배를 보면 언제나 피가 뚝뚝 떨어지고 있습니다."라고 하였다.

③ 이에 하야스사노오노미코토가 그 노인에게 "당신의 딸을 나에게 바치겠는가?"라고 하자, (노인은) "황송하게도 (아직 당신의) 이름을 모르고 있습니다."라고 하였다. 그러자 (스사노오노미코토가) 대답하기를 "나는 아마테라스오미카미의 동생이다. 그래서 방금 하늘에서 내려왔다."라고 하였다. 이에 아시나쓰치와 데나쓰치 (두)신이 말하기를 "그렇다면 황공하지만 (저희 딸을) 바치겠습니다."라고 하였다.

④ 그리하여 하야스사노오노미코토는 곧 그 딸을 신성한 참빗으로 변신시켜 미미즈라(御美豆良)에 꽂고 아시나쓰치와 데나쓰치 (두) 신에게 말하기를 "너희들은 아주 독한 술을 빚고 울타리를 만들어 친(다음), 그 울타리에 여덟 개의 문을 만들고 문마다 여덟 개의 다(台)를 만들어, 그 대마다 술통을 놓고 술통마다 독한 술을 채워서 기다려라."라고 하였다.

⑤ 그래서 (그) 말에 따라 이와 같이 설비를 해놓고 기다릴 때에 그 야마타노오로치라는 뱀이 정말로 (그들이) 말한 대로 왔다. (야마타노오로치는) 곧 술통마다 머리를 처박고 그 술을 마셨다. 이에 (그 술을) 마시고 취하여 엎드려서 잠이 들어 버렸다. 그러자 하야스사노오노미코토가 차고 있던 도쓰카쓰루기(十拳劍)라는 칼을 뽑아 그 뱀을 갈기갈기 잘랐기(때문에) 히강(肥江)의 강물이 핏빛으로 변하여 흘러갔다. 그런데 그 (뱀의) 중간 부분의 꼬리를 자를 때에 칼날이 상했다. 이에 이상하게 생각하여 칼끝으로 갈라보니, (그곳에는) 훌륭한 큰 칼이 있었다. 그리하여 이 큰칼을 취해 특이한 물건이라 생각하고 아마테라스오미카미에게 바쳤다. 이것이 구사나기(草那藝)라고 하는 큰칼이다.

⑥ 이리하여 하야스사노오노미코토는 궁궐을 지을 만한 곳을 이즈모국에서 찾았다. 그리고 스가(須賀)라는 곳에 이르러서 말하기를 "나는 이곳에 오니 내 기분이 (매우) 상쾌하게 되었다."라고 하면서 그 곳에다 궁궐을 짓고 살았다. 그래서 그 곳을 지금도 스가라고 한다. 이 대신(大神)이 스가의 궁궐을 지을 때 거기에서 구름이 피어올랐다. 이에 노래를 지어 이르기를 "뭉게뭉게 피어오르는 이즈모의 구름이 여러 겹으로 된 담처럼 쳐져 있구나. 사랑하는 아내를 머물게 하기 위해 여러 겹의 울타리를 만드는 것이리라. 훌륭한 울타리여!' 라고 하였다.

⑦ 그리고 그 아시나쓰치노카미(足名椎神)를 불러서 "너를 내 궁궐의 수장(首長)으로 임명한다."라고 말하며, (그에게) 이나다노미야누시스가노야쓰미미노카미(稻田宮主須賀之八耳神)라는 이름을 주었다.

⑧ 그리고 스사노오노미코토가 구시나타히메와 침소에서 부부의 관계를 맺어 낳은 신의 이름은 야시마지누미노카미(八嶋土奴美神)라고 한다. 또 오야마쓰미노카미의 딸인 가무오이치히메(神大市此賣)와 결혼하여 낳은 자식은 오토시노카미(大年神)이고, 그 다음에 낳은 자식은 우카노미타마노카미(宇迦之御魂神)이다.(荻原淺男 共校註 1973, 87-92)

자료 5 : 자료 4와 비슷한 한국의 설화 1

(1) 옛날 아귀 귀신(餓鬼鬼神)이라는 큰 도적이 있었다. ① 그는 종종 이 세상에 나와서 세상을 요란하게 하고 예쁜 여자를 도적질하여 가기도 하였다. 어떤 때 아귀 귀신은 나라님의 세 공주를 한꺼번에 잡아갔다.

(2) 왕은 군신을 모아 귀신을 잡을 계획을 물어 보았으나, 신기한 계책을 말하는 자가 없었다. 이때에 한 무신이 자원을 하고 나섰다. ② <u>임금은 공주들을 구해오는 사람에게는 가장 사랑하는 막내딸을 주겠다고 했다.</u> 무신은 몇 사람의 종자(從者)들을 데리고 길을 나섰다.

(3) 무신은 귀신을 찾아 헤매다가 꿈속에서 나타난 백발노인의 도움을 얻어 귀신이 지하에 살고 있다는 것을 알았다. 그는 구멍을 통해 줄을 타고 내려가서 물을 길러 나온 공주를 만났다. 경비가 심한 귀신의 집에 들어가기 위해, ③ <u>그는 술법을 써서, 자기의 몸을 수박으로 변하게 하였다.</u> 그리고 공주의 도움을 얻어 귀신의 집으로 들어갔다.

(4) 아귀 귀신은 그 때 마침 몸이 조금 편하지 못하여 누워 있던 중이었다. ④ <u>공주들은 독한 술을 몇 독 만들어 두고 귀신의 병이 낫기를 기다려 큰 잔치를 베풀었다.</u>

(5) 술에 취한 귀신은 자기의 양 옆구리에 두 개씩의 비늘이 있는데, 그것을 떼어버리면 죽는다고 하였다. ⑤ <u>공주는 사랑하던 은장도로 귀신의 비늘을 떼어 죽여 버렸다.</u>

(6) 무신은 공주들을 데리고 자기가 내려왔던 구멍이 있는 곳으로 갔다. 거기에서 자신이 타고 내려온 광주리를 이용하여 세 공주들을 올려 보냈다. 그러자 종자들은 광주리를 내려 보내지 않고 큰 바위를 굴러 내려뜨렸다. 무신이 망연자실하고 있을 때, 전에 꿈속에서 보았던 노인이 나타나 말을 한 필 주었다. 그는 그 말을 이용하여 지상의 세계로 나왔다.

(7) 왕은 공주들을 만나 기쁜 나머지 모든 것을 잊어 버렸다. 왕은 약속한 바와 같이 종자들의 우두머리에게 딸을 주고자 하였다. 그래서 성대한 잔치를 베풀고 그 종자는 왕의 총애를 일신에 받게 되었다. 그 때에 공주를 구한 무신이 나타나 자초지종을 이야기하였다. ⑥ <u>왕은 이것을 듣고 종자들의 목을 베고 막내딸을 무사와 결혼하게 하였다.</u> (孫晉泰 1930, 111-117)

2. 출현신화와 농경문화

대지에서 인간이 나왔다고 하는 출현신화(emergence myth)는 대지를 어머니로 생각하는 대지모신(大地母神) 사상을 바탕으로 한 것으로, 한국의 경우에는 동부여의 〈금와왕 탄생신화(金蛙王誕生神話)〉를 비롯하여, 신라의 〈알영 탄생신화(閼英誕生神話)〉, 〈제주도의 삼성시조 탄생신화〉 등이 있다. 이로 미루어 보아 한국의 동해안을 따라 내려온 것이 아닌가 한다. 그런데 이 유형의 신화는 일본의 이즈모 신화와 깊은 관계를 가지고 있어 주목을 끈다.

> **자료 6 : 일본의 출현신화**
>
> 이에 또 다카키노오카미(高木大神)가 깨우쳐 말하기를 "① 천손(天孫)을 이 곳에서 내륙 쪽으로 들어가게 하지 않으면 안 된다. 왜냐하면 현재 그곳에는 성격이 난폭한 신들이 너무나 많다. 지금 하늘에서 야타카라스(八咫烏)라는 큰 까마귀를 내려 보낼 터이니, 그 새가 안내하는 대로 뒤를 쫓아가도록 하여라." 라고 하였다.
>
> 이 말을 들은 천황은 알려준 그대로 야타카라스의 뒤를 좇아서 요시노카와(吉野河)라는 강의 하류에 도착하였다. 그 때에 어살(筌)을 이용하여 고기를 잡고 있는 사람이 보였다. 이를 본 천황이 묻기를 "너는 누구인가?"라고 하자, 그 사람은 "저는 이 땅의 신(國神) 니에모쯔노코(贄持之子)라고 합니다."라고 대답하였다. 그는 아타(阿陀)의 우카이(鵜養)의 선조이다.
>
> 다시 천황은 그곳을 떠나 길을 가는데, ② 이번에는 꼬리가 달린 사람이 우물에서 나왔다. 그 샘에는 신이로운 빛이 있었다. 이에 천황이 묻기를 "너는 누구냐?"라고 하자, 그 사람은 "저는 이 땅의 신 이히카(井氷鹿)라 합니다."라고 대답하였다. 그는 요시노(吉野)의 오비토(首)들의 선조이다. 그리고 다시 천황은 그곳에서 산으로 들어갔다. 그리고 또 ③ 꼬리가 달린 사람을 만났다. 이 사람은 바위를 양쪽으로 가르고 나왔다. 이를 본 천황은 "너는 누구이냐?" 하고 묻자, 그 사람은 "저는 이 땅의 신으로 이름은 이와오시와쿠노코(石押分之子)라고 합니다. 지금 천손께서 오신다는 말을 듣고 마중하러 나왔습니다."라고 대답하였다. 그는 요시노(吉野)의 쿠니스(國巢)의 선조이다.
>
> 그 곳에서 다시 천황은 나무와 바위를 헤치고 산을 넘어 우다(宇陀)에 도착

했다. 그리하여 그곳을 우다노우카치(宇陀之穿)라 일컫는 것이다.(荻原淺男 共
校註 1973, 154-155)

자료 7 : 한국의 출현신화(제주도 삼성 시조 신화)

제주도에서도 일찍부터 탐라국 건국 신화로 삼성 시조 신화가 전승되고 있
었는데, 이는 출현신화를 기반으로 하고 있다. 이로 미루어 보아, 탐라국의 지
배 계층은 한국의 동해안 문화와 관련을 가진 것이 아닌가 한다.

고기(古記)에 이르기를, 태초에는 사람이 없었는데, 세 신인(神人)이 땅—주
산의 북쪽 기슭에 움이 있어 모흥이라고 하는데, 이곳이 그 땅이다.—에서 솟아
났다. 맏이를 양을나, 둘째를 고을나, 셋째를 부을나라고 했는데, 이들 세 사람
은 궁벽한 곳에서 사냥을 하녀 가죽옷을 입고 고기를 먹으면서 살았다.

그러던 어느 날 자줏빛 흙으로 봉해진 나무 상자가 동해 바닷가에 떠오는 것
이 보였다. 그들은 나아가서 그것을 열어 보았다. 그 안에는 돌로 만들어진 함
이 있었는데, 붉은 띠를 두르고 자줏빛 옷을 입은 사자가 따라와 있었다. 또 돌
로 된 함을 여니, 그 속에는 푸른 옷을 입은 처녀 세 명과 망아지, 송아지, 그리
고 오곡의 씨앗이 들어 있었다.

이에 사자가 말하기를 "저는 일본국의 사자입니다. 우리 임금님께서 이 세
따님을 낳으시고 말씀하시기를, 서쪽 바다 가운데 있는 큰 산에 신의 아드님 세
분이 강탄하시어 바야흐로 나라를 세우고자 하나 베필이 없다고 하시면서, 신
에게 명하여 세 따님을 모시라고 하시기에 왔습니다. 마땅히 베필을 삼아 대업
을 이루십시오."라 하고, 사자는 홀연히 구름을 타고 가 버렸다.

세 신인은 나이 순에 다라 나누어서 장가를 들고, 물이 좋고 땅이 기름진 곳
으로 나아가 집으로 거처할 곳을 정하였다. 양을나가 거처하는 곳을 제1도(都)
라 하고, 고을나가 거처하는 곳을 저2도라 하였으며, 부을나가 거처하는 곳을
제3도라 하였다. 비로소 오곡의 씨앗을 뿌리고 소와 말을 기르게 되니, 백성들
이 부유해져 갔다.(鄭麟趾 共撰, 1972)

3. 이즈모와 신라와의 관계

일본의 이즈모 지방이 신라와 밀접한 관계를 가진다는 것은 아래에 드는 한·일 두 나라의 신화를 보면 더욱 명확해진다.

자료 8 : 한국의 연오랑과 세오녀 설화

제8대 아달라왕이 즉위한 4년 정유에 동해 바닷가에는 연오랑(延烏郎)과 세오녀(細烏女)가 살고 있었다. 어느 날 연오랑이 바다에 나가 해조(海藻)를 따는데, 갑자기 바위 하나(물고기라고 한다.) 가 나타나더니 연오랑을 태우고 일본으로 갔다. 일본 사람들이 보고 말하기를 "이는 범상한 사람이 아니다." 라고 하면서, 세워서 왕으로 삼았다(『일본제기』를 보면 전후에 신라 사람으로 왕이 된 이가 없었다. 그러니 이는 어느 변방 고을의 작은 왕이고 정말로 왕은 아닐 것이다).

세오녀는 남편이 돌아오지 않는 것이 이상했다. 바닷가에 나가서 찾아보니 남편이 벗어놓은 신발이 있었다. 바위 위에 올라갔더니, 그 바위는 또한 세오녀를 싣고 마치 연오랑 때와 같이 일본으로 갔다. 그 나라 사람들은 놀라고 이상하게 생각하여 왕에게 사실을 아뢰었다. 이리하여 부부가 서로 만나게 되니 그녀로 귀비(貴妃)를 삼았다.

이때에 신라에서는 해와 달이 빛을 잃었다. 일관(日官)이 아뢰기를 "해와 달의 정기가 우리나라에 내려와 있었는데 이제 일본으로 가버렸기 때문에 이러한 괴변이 생기는 것입니다." 라고 하였다. 왕이 사자를 보내어 두 사람을 찾으니 연오랑이 말하기를 "내가 이 나라에 온 것은 하늘이 시킨 일인데 어찌 돌아갈 수가 있겠는가? 그러나 나의 비(妃)가 짠 고운 비단이 있으니 이것으로 하늘에 제사를 드리면 될 것이다." 라고 하면서 비단을 건너 주었다.

사자가 돌아와서 사실을 보고하고 그의 말대로 하늘에 제사를 드렸다. 그런 뒤에 해와 달의 정기가 전과 같았다. 이에 그 비단을 창고에 간수하고 국보로 삼으니 그 창고를 귀비고(貴妃庫)라고 한다. 또 하늘에 제사를 지낸 곳을 영일현 또는 도기야(都祈野)라고도 한다. (최남선 1946)

자료 9 : 국토 끌어당기기 신화

(1) 오우(意宇)라고 부르는 까닭은 나라를 끌어다 붙인 야쓰카미즈오미쓰노미코도(八束水臣津野命)가 말하기를 "많은 구름이 일어나는 이즈모 나라는 폭

이 좁아 (아직) 제대로 되지 않았다. 처음부터 작게 만들어진 나라이다. 그래서 꿰매어 (붙이듯이 다른 토지를) 갖다 붙여야 한다.”라고 하였다.

(2) (그러면서) “시라기(志羅紀)의 미사키(三埼)에는 여분의 땅이 있다고 본다면 남는 땅이 있다.”고 하였다. 그러면서 날이 넓은 가래를 가지고, 커다란 고기를 푹 찔러 나누듯이 땅을 갈라 떼어내어, 견고한 밧줄에 걸어서 천천히 슬슬 끌어당기며 “땅이여 오너라. 땅이여 오너라.”라고 하며 끌어다 붙인 곳이 고즈(去豆) 해안의 가장 깊숙한 곳(奧地)에서 야호니키즈키(八穗爾支豆支)의 갑(岬)에 이르는 땅이다. 이리하여 견고하게 만들어 박은 말뚝(배를 매기 위한 것)은 이하미국(石見國)과 이즈모국(出雲國)의 경계가 되었고, 이름은 사히메산(佐比賣山)이 이것이다. 또 끌어당겼던 밧줄은 소노의 긴 해변(薗長濱)이 이것이다.

(3) 또 “① 북쪽 입구의 사키국에 여분의 땅이 있다고 본다면 남는 땅이 있다.”고 하면서, 날이 넓은 가래를 가지고 고기를 푹 찔러 나누듯이 땅을 갈라 떼어내어, 견고한 밧줄을 걸어서 천천히 슬슬 끌어당기며 “땅이여 오너라. 땅이여 오너라.”고 하여 끌어다 붙인 곳이 다쿠노오리타에(多久折絶)로부터 사다국(狹田國)(에 이르기까지의 땅)이 이것이다.

(4) 또 “② 북쪽 입구의 누나미국(農波國)에 여분의 땅이 있다고 본다면 남는 땅이 있다.”고 하면서, 날이 넓은 가래를 가지고 고기를 푹 찔러 나누듯이 땅을 갈라 떼어내어, 견고한 밧줄을 걸어서 천천히 슬슬 끌어당기며 “땅이여 오너라. 땅이여 오너라.”고 하여 끌어다 붙인 곳이 다시미노오리타에(宇波折絶)로부터 쿠라미국(闇見國)에 이르기까지의 땅이 이것이다.

(5) 또 “③ 코시(高志)의 쓰쓰(都都)의 미사키(三埼)에 여분의 땅이 있다고 본다면 남는 땅이 있다.”고 하면서, 날이 넓은 가래를 가지고 고기를 푹 찔러 나누듯이 땅을 갈라 떼어내어, 견고한 밧줄을 걸어서 천천히 슬슬 끌어당기며 “땅이여 오너라. 땅이여 오너라.”고 하여 끌어다 붙인 곳은 미호(三穗)의 사키이다. 끌어당겼던 밧줄은 요미섬(夜見嶋)이 되었다. 견고하게 만들어 박은 말뚝(배를 매기 위한 것)은 하하키국(伯耆國)인 히노카미타케(火神岳)가 이것이다.

(6) “이제 땅을 끌어당기는 것은 끝낸다.”고 하면서, 오우의 모리(意宇社)에

지팡이를 꽂으며 "오에."라고 했다. 그러므로 오우(意宇)라고 한다.(秋本吉郎 校註 1958, 98~103)

III. 다카마노하라계 신화와 한국의 서 · 남해안 문화

한편 일본의 지배계층 문화가 성립되는데, 절대적인 역할을 한 것은 한국의 서해안을 따라서 내려와, 남해안을 거쳐서 일본의 큐슈(九州) 일대로 들어간 수렵 · 유목문화이다. 이들 문화는 하늘에서 그들의 조상이 내려왔다는 신화를 가지고 있다. 그래서 이런 신화 자료들을 중심으로 한 · 일 문화의 관련양상을 살펴보기로 하겠다.

1. 아마테라스오미카미 신화

하늘에 사는 여신이 지상 왕권의 연원이 되었다고 하는 신화는 일본에만 전해지는 것이 아니다. 한국에서는 왕권신화로 되지는 못하였으나, 여성이 하늘을 다스린다는 설화가 일찍부터 존재했었던 같다. 이런 설화의 한 예가 바로 해와 달이 된 오누이 이야기이다.

자료 10 : 해와 달이 된 오누이 설화

옛날에 어머니가 등 넘어 부잣집에 방아품을 팔러 갔다가 묵을 얻어 가지고 집으로 돌아오던 중에 범을 만났다. 범은 처음에는 묵을 요구했지만, 뒤이어 옷을 요구하고 마침내는 어머니를 잡아먹고 말았다.

범은 어머니의 옷을 입고 집으로 갔다. 아이들은 목소리가 다르다고 의심을 하면서 문을 열어주지 않았다. 하지만 문틈으로 내민 터실터실한 손을 보고 의심을 하자, 흙일을 하느라고 그렇게 되었다는 범의 말을 듣고 아이들은 속아서 문을 열어주었다. 방안에 들어온 범은 젖먹이를 데리고 부엌으로 나갔다. 문틈으로 내다보니 범은 아기를 먹고 있었다.

겁이 난 아이들은 뒷문으로 달아나서 뜰 앞에 있는 고목(古木)으로 올라갔다. 범은 아이들을 찾다가 우물 속에 비친 그들의 그림자를 보고, 조리로 건져 내겠다고 하였다. 그것을 보고 여동생이 소리 내어 웃었다.

범은 나무 위를 쳐다보면서 어떻게 올라갔느냐고 물었다. 처음에는 참기름을 바르고 올라왔다고 하고, 다음에는 들기름을 바르고 올라왔다고 속였다. 그러다가 드디어 여동생이 도끼로 나무를 찍으면서 올라왔다고 가르쳐 주었다. 범은 도끼로 나무를 찍으면서 올라왔다.

아이들은 하늘을 향해 "하느님 우리를 살리시려거든 새 동아줄을 내려 보내고, 죽이시려거든 썩은 동아줄을 내려주십시오."라고 하였다. 그러자 새 동아줄이 내려와 오누이는 하늘로 올라갔다. 이것을 본 범도 아이들과 같이 빌었다. 그렇지만 썩은 동아줄이 내려왔다. 범은 그것을 타고 올라가다가 줄이 끊어져 떨어지면서 항문이 수숫대에 찔려 죽었다. 그 때문에 지금도 수숫대에는 붉은 핏자국이 남아 있다.

하늘에 올라가서 오빠는 해가 되고 누이는 달이 되었다. 그러나 누이가 밤에 다니는 것이 무섭다고 하면서 오빠와 바꾸자고 하였다. 하지만 누이는 낮에 다니려 하니 모든 사람들이 쳐다보아 부끄러웠다. 그래서 강렬한 빛을 발하여 눈을 부시게 만들어, 사람들이 해를 바로 쳐다볼 수 없다고 한다.(손진태 1947, 155-157)

자료 11 : 자료 10과 유사한 일본의 설화

어머니가 세 아이에게 집을 지키라고 하면서 절에 간 뒤에 마귀할멈(山姥)는 일본 사람들이 깊은 산골에 산다고 믿고 있는 일종의 귀녀(鬼女)를 말함: 인용자 주)이 어머니로 변신하여 와서 막내아기를 안고 갔다. 마귀할멈은 도중에 어머니를 잡아먹고 세 아이를 속이려고 토란 줄기를 손에 감고 있었으므로, 아이들은 정말 어머니인 줄 알고 문을 열고 (아기를) 주었다.

마귀할멈이 막내를 먹는 소리를 듣고, 옆방에서 자던 큰 아이와 중간 아이가 무엇을 먹느냐고 물었다. 마귀할멈은 무김치를 먹는다고 대답하면서 막내의 손가락을 한 개 던져주었다. 두 아이는 그 손가락을 보고 마귀할멈이라 짐작하고 달아날 방법을 의논하였다. 가운데 아이가 소변이 마렵다고 하니, 마귀할멈이 큰 아이에게 어서 문을 열어주라고 하였다. 그래서 둘은 밖으로 나가 우물가의 복숭나무에 자귀로 발거리를 만들어 올라가 있으니, 마귀할멈이 나와서 우물 속의 그림자를 보고 복숭나무 위의 두 아이를 발견하여 어떻게 올라갔느냐고 물었다. 머릿기름을 바르고 올라갔다고 큰 아이가 속였다. 마귀할멈이 머릿기름을 복숭나무에 바르자, 미끄러워서 조금도 오를 수가 없었다. 중간 아이가 그것을 보고 머릿기름을 바르고 올라온 줄 아니, 자귀로 발거리를 만들어야 된다고 하면서 웃었다. 마귀할멈은 곧 자귀를 가지고 와서 발거리를 만들어 올라왔다.

두 아이는 급박하여 하늘을 쳐다보고 "하느님 금줄"이라고 불렀다. 왈각달각 소리가 나고 하늘에서 쇠사슬이 내려왔다. 그것을 붙들고 두 아이는 하늘로 올라갔다. 마귀할멈이 그 흉내를 내어 같은 말로 부르자, 썩은 줄이 내려왔다. 그 줄에 매달려 마귀할멈이 올라가자 줄이 끊어졌다. 마귀할멈은 높은 곳에서 메밀밭에 떨어졌다. 마침 거기에 돌이 있었으므로, 마귀할멈은 머리가 깨어져 죽었다. 그 머리에서 나온 피에 젖어 메밀의 줄기는 지금 보는 것과 같이 붉게 된 것이다.(高木敏雄, 1924, 269)

그런데 자료 10과 아주 유사한 모티프로 이루어진 일본의 설화도 존재한다. 이것은 일본 큐슈(九州)의 구모마도현(熊本縣) 일대에 전해지는 것이어서, 천손강림신화의 전파와도 밀접한 관련을 가지고 있는 것 같다.

2. 천손 강림 신화

자료 12 : 일본 천손 강림신화의 이본

이때에 다카미무스히노미코도(高皇産靈尊)는 마토코오우후스마(眞床追衾)로 황손 아마쓰히코히코호노니니기노미코도(天津彦彦火瓊瓊杵尊)를 덮고 싸서 지상으로 내려보냈다. 황손은 이에 아마노이와쿠라를 떠나서 다시 하늘에 낀 겹겹의 구름을 물리치고, 그 위엄으로 길을 개척하여 히무카노소(日向襲)의 다카치호노타께(高千穗峯)에 강림하였다. 이미 황손이 돌아다니는 모습은, 봉오리가 두 개 나란히 있는 산의 아마노우키하시(天浮橋)로부터 우사지마리타히라(浮渚在平處)를 거쳐 소시지(膂宍)의 무나쿠니(空國)를, 히타오(頓丘)의 땅을 지나서 좋은 나라를 찾아 아타(吾田)의 나가야(長屋)의 가사사(笠狹)라는 해변에 이르렀다.(井上光貞 共校註 1967, 140-141)

자료 15 : 가락국의 수로왕신화

개벽한 이래로 이곳에는 아직 나라의 이름도 없었고, 또한 군신의 칭호 따위도 없었다. 그저 아도간, 여도간, 피도간, 오도간, 유수간, 유천간, 신천간, 오천간, 신귀간 등의 9간이 있을 뿐이었다. 이들이 곧 추장이 되어 백성들을 통솔했는데, 1백 호에 7만 5천인이었다. 닳은 사람들이 산야에 (흩어져) 살면서 우물을 파서 물을 마시고 밭을 갈아 양식을 하였다.

마침 후한 세조 광무제 전무 18년 임인 3월의 계욕일(禊浴日)에 사는 곳 북쪽 구지 — 이것은 봉우리의 이름인데 십 붕이 엎드린 형상과 같았으므로 이른 것이다. — 에서 수상한 소리와 기척이 있더니 부르는 소리가 났다. 2·3백 사람이 이곳에 모이니 사람 소리 같으면서 그 형상은 숨기고 그 소리만 내어 가로되 "여기에 사람이 있는가?"라고 하였다. 9간 등이 "우리들이 있습니다."라고 하자, 또 말하되 "내가 있는 곳이 어디인가?"라고 하였다. 대답하여 "구지입니다."라고 하니, 또 가로되 "황천께서 나에게 명하시기를 이곳에 임해서 나라를 새롭게 하여 임금이 되라고 하시기에 이곳에 내려왔으니 너희들은 모름지기 봉우리를 파서 흙을 집으며 노래하기를 '검하 검하, 먼저(빨리) 물러가거라. 만약 물러가지 않으면 굽고 구워 먹으리라.' 라고 하면서 뛰고 춤을 추면 곧 대왕을 맞이하여 즐거워 날뛸 것이다."라고 하였다. 9간 등이 그 말과 같이 모두 즐거워하며 노래 부르고 춤추었다.

(노래하고 춤춘 지) 얼마 되지 않아 우러러 바라보니, 하늘에서 자색의 줄이 내려와 땅에 닿았다. 줄 끝을 찾아보니 홍색의 보자기 속에 금합이 있었다. 그것을 열어 보았더니 해와 같이 둥근 황금 알이 여섯 개가 있어 많은 사람들이 다 같이 놀라 기뻐하면서 함께 백배하였다. 조금 있다가 다시 (그 알들을) 보자기에 싸들고 아도간의 집으로 가서 탑상에 놓아두고 무리들은 제각기 흩어졌다.
(최남선 1946, 108-109)

이들 두 신화는 너무도 그 유형이 비슷하여, 친영관계가 있다는 것은 일찍부터 논의되어 왔다. 이것은 어느 의미에서는 일본 천황가의 조상이 한국에서 건너갔다는 사실을 반영하는 것으로도 볼 수가 있기 때문에 매우 중요한 의의를 가진다고 하겠다.

IV. 결론과 전망

이제까지 신화자료들을 중심으로 하여, 한 · 일 문화의 관련양상을 간단하게 살펴보았다. 이것을 간단하게 요약하면 다음과 같다.

첫째, 한국의 동해안을 따라서 내려온 농경문화가 일본의 이즈모 문화의 성립에 많은 영향을 끼쳤다는 것으로 상정된다. 이런 추정을 하는 근거는 이들이 땅에서 사람이 나왔다고 하는 출현신화를 가졌을 뿐만 아니라, 이들 두 지역에 연루된 많은 신화자료들이 존재하기 때문이었다.

둘째, 이렇게 농경을 영위하고 있던 집단을 정복하고 국가의 형태를 갖추었던 집단은 한국의 서해안을 따라서 내려와, 남해안을 거쳐서 일본의 큐슈 지방으로 들어간 수렵 · 유목 문화 집단이었다. 이들은 천강 신화를 가졌는데, 이런 천강 신화는 대륙의 북동 지역에 거주하던 민족들이었을 것으로 상정된다.

만약 이러한 가설이 타당성을 가진 것이라고 한다면, 한국의 기층문화를 남 · 북으로 나누려는 일제의 어용학자들이 주장한 가설이 허구에 찬 것이었으며, 또 나아가서는 한국의 독자적인 문화가 있었음을 인정하지 않을 수 없게 될 것이다.

참고문헌

김화경,『일본의 신화』, 서울, 문학과 지성사, 2002.
______,『한국의 설화』, 서울, 지식산업사, 2002.
______,『한국 신화의 원류』, 서울, 지식산업사, 2005.
______,『신화에 그려진 여신들 - 그 원래의 모습』, 경산, 열린시선, 2009.
鄭麟趾 共撰,『高麗史』, 서울, 아세아문화사 영인본, 1972.
최남선 편,『신증 삼국유사』, 서울, 민중서관, 1946.
高木敏雄,『日本傳說集』, 東京, 武藏野書院, 1924.
三品彰英,『神話と文化史』, 東京, 平凡社, 1971.
孫晉泰,『朝鮮民談集』, 東京, 鄕土文化社, 1930.
荻原淺男 共校註,『古事記·上代歌謠』, 東京, 小學館, 1973.
井上光貞 共校註,『日本書紀(上)』, 東京, 岩波書店, 1967.
秋本吉郎 校註,『風土記』, 東京, 岩波書店, 1958.

제주문화의 어머니, 신화

허남춘 제주대학교 국문학과 교수

▲ 영등굿

제주문화의 어머니, 신화

Ⅰ. 탐라신화의 문화적 특성

탐라의 지정학적 위치는 여러 문화를 섭렵하는 전제 조건이 된다. 단순하게 한반도의 끄트머리 혹은 변방으로 단정해서는 안 된다. 우리나라 지도를 뒤집어 놓으면 탐라는 해양을 향해 전진하는 교두보의 위치이고, 좌우 일본과 중국의 지도를 함께 놓고 보면 한·중·일의 중심부가 되기도 한다. 과거에도 탐라는 북방의 대륙문화와 남방의 해양문화가 만나는 지점이었다.

그렇다면 탐라문화는 한국문화의 전반적 성격과 가까운 것인가, 아니면 동떨어진 것인가. 과거에서 현재로 진행되는 시간에 비례하여 탐라와 육지는 더욱 긴밀해졌다. 고대에서 중세로 갈수록, 중세에서 근대로 갈수록 한반도와의 친연성은 짙어진다. 고대의 신화에도 상당한 정도의 친연성을 드러낸다. 그러나 지정학적인 여건 속에서 한반도의 문화적 영향도 컸지만 남방계 문화의 영향도 상당하였고, 그 다양한 문화를 섭렵하며 제주만의 독자적인 문화를 형성하기도 하였는데, 그 독자성을 주목할 필요가 있다.

신화 주인공의 탄생담에서 문화적 차이를 극명하게 확인할 수 있다. 북방의 신화 속 주인공은 천상에서 하강한다. 그래서 부계는 천(天) 혹은 해(日)다. 서 시베리아에서 동진하다가 한반도 쪽으로 남진한 유목민족이 토착 농경부족을 복속시키고 지배의 정당성을 하늘에서 찾았던 리얼리티가 천강신화로 반영되었을 것이다. 일부 신화 주인공은 알로 태어나는데 알은 태양의 정령으로 볼 수 있을 것이고 한반도 남북에 두루 존재한다. 남방의 신화 속 주인공은 땅에서 솟아나거나 바다를 통해 도래한다. 탈해와 허왕후는 바다를 통해 도래한 주인공이고 땅에서 솟아난 주인공은 탐라를 비롯해 유구와 대만, 그리고 태평양 해양 도서에 두루 분포한다.

그런데 땅에서 솟아난 내력은 탐라에 가장 확고하다. 그러므로 땅에서 솟았다는 모티프는 탐라만의 독자성을 말해주는 증거다. 한반도의 신화는 하늘에서 온 주인공에 의해 복속되는 데 반해 탐라의 신화는 하늘에서 온 주인공에게 복속되지 않는다. 청동기 혹은 철기문명이 탐라에 도래하였지만, 유목민의 지배를 받지 않았고 오히려 토착 지배자가 그들을 융화시킨 증거다. 그래서 토착민의 '땅에서 솟은 이야기' 가 그대로 남아 있다. 탐라는 한반도 지역과는 다른 독자적인 문화를 지니고 있다. 탐라는 한반도와 다른 점이 또 있다.

한반도의 신화는 건국신화 위주고, 여타의 신화는 미미한 데 반해 탐라에는 다양한 신화가 남아 있다. 신화의 전승이 한반도 지역과 달리 탐라에서는 왕성한 이유는 무엇인가? 탐라의 공동체 삶 속에 무속이 뿌리 깊게 남아 있기 때문이다. 그렇다면 육지와 달리 무속이 계속 남아 있게 된 이유는 무엇일까? 고대에서 중세로의 시대적 전환 속에서 정치적 중심부와 정치적 입김이 미치는 지역은 불교·유교란 중세 보편주의 문화의 영향을 입게 된 데 반해, 탐라는 섬이라는 지정학적 특성 때문에 그 영향력이 미약하였다고 볼 수 있다. 탐라는 부족공동체의 고유성을 강하게 지키며 당본풀이를 유지할 수 있었고, 중세사회로의 전환 속에서도 고대 자기중심주의의 전통을 오랜 동안 유지할 수 있었다. 그리고 서서히 중세적 요소를 받아들이며 성장했다. 탐라가 중세 국가의 직접적 통치를 받게 된 것은 고려 후반 혹은 조선 전반이기 때문에 상대적으로 중세 이념의 강요와 침투가 미약했고, 이런 까닭에 무속이 배척당하기보다는 무속 안에 유교와 불교를 포용하는 변화가 일어났다고 할 수 있다.

조선 전기 지배층은 유교적 이념을 정착시키기 위해 불교와 무속을 이단(異端) 혹은 음사(淫祀)로 배척하기 시작했고 무당과 승려를 성 밖으로 내쫓는 법령을 실시하였으나 긴간 속의 무속신앙은 쉽게 단절되지 않았다. 무속을 도성과 사대부로부터 격리시키게 된 시기는 인조 즈음이다. 탐라에서 무속이 큰 시련을 당한 시기는 18세기 이형상 목사가 부임한 직후이다. 그러나 그것은 일시적인 충격이었던 듯하다. 무속을 근절시키지 못하고, 포제와 같은 유교식 제사와 기존의 무속 제사를 병행하는 선에서 타협이 이루어진 것으로 사료된다.

굿은 미신이고 전근대의 산물이라고 했다. 근대의 과학적이고 합리적인 것에 의해 그 가치가 무시되어 왔다. 그러나 근대성이 비판받게 되면서 새삼 그 가치를 재고하게 되었다. 근대가 파탄을 맞게 되었다고 지금의 근대적 가치를 모두 부정할 수는 없다. 마찬가지로 전근대의 사유와 방식 모두가 비판받았던 것 자체도 문제다. 새로운 세상은 앞선 시대의 사유와 근대의 사유 중 긍정적인 요소를 결합하는 가운데 만들어질 것이다. 인간과 자연의 관계, 현실과 초현실, 정신과 물질의 가치를 균형적으로 바라보아야 한다.

굿에는 아주 많은 정보가 담겨 있다. 특히 신화가 그득 담겨 있다. 탐라는 바로 그 신화의 보고다. 그것들은 다른 지역에는 없고 탐라에만 남아 있는 것들이 대부분이다. 다른 지역에서는 중세화·근대화하면서 소실되었는데, 탐라에서는 그것들을 잘 간직하였기 때문에 값진 것이다. 그렇다고 탐라에 남겨진 신화가 탐라만의 특수성을 담보하는 것은 아니다. 그것은 인류의 보편성이기에 귀한 것이다. 세계 대부분에서 사라졌지만 탐라에 남겨진 신화를 통해 인간 사고의 중요한 자취를 발견하고, 이 원시적·고대적 사유의 의미를 재구할 수 있을 것이라는 이유 때문에 탐라 신화가 소중하다.

탐라의 무속의례 - 굿은 무엇 때문에 소멸되지 않고 생명력이 강했던가. 중세화를 강하게 경험하지 않았던 이유 이외에, 그 유연성을 우선 들 수 있을 것이다. 제의의 장

사진 1. 칠머리당 굿

소가 헐리거나 훼손되는 등 문제가 생기면 가차 없이 이전을 하는 유연성, 의례의 까다로운 절차를 줄여 평상복으로도 의례를 담당할 수 있는 임기응변이 탐라 굿의 특징이다. 그리고 사제자가 권위적이지 않아 당골의 요구에 적절히 부응하고, 세속적인 요구에 대해서도 유연한 태도를 취하고 있다. 탐라 굿이 지속성을 가진 가장 중요한 이유는, 굿이 제의의 기능 이외에 놀이의 기능을 적극적으로 담당하였고, 신화도 또한 신성한 신의 기원이란 측면 이외에 재미있는 이야기란 흥미성의 측면을 충족하였기 때문이라 보인다. 굿이 민초들과 소통의 끈을 유지하며 현실적 욕구도 풀어내고, 현실을 넘어서는 염원의 차원을 해결하였으니, 그 소통성과 민중성 또한 중시해야 할 것이다.

Ⅱ. 제주의 여성신, 설문대할망

제주의 한라산과 오름이 형성된 배경을 말해 주는 설화로, 제주 전도에 걸쳐 전승되고 있으며, 다양한 이야기 구성을 지니고 있고, 여러 가

지 증거물이 남아 있어 과
거와 현재를 연결시켜 주
는 이야기다. 천지창조 뒤
에 나타나는 지형형성의
신화로 볼 수 있으며, 남성
신화가 나타나기 전의 여
성신화인데, 대단한 생산
력을 지닌 여성신으로서의
능력을 보여주기 때문에
제주의 생명력을 상징적으
로 제시하기 적합한 이야
기다. 또한 따듯한 인간애
를 드러내는 신화이면서
제주인의 소망을 담은 미
래지향적 이야기라 하겠다.

사진 2. 설문대할망

설문대할망 설화는 우선 거녀(巨女)의 이미지를 지닌 여성신의 에피
소드로 구성되어 있다. 잘 알려진 것으로는 우선 설문대할망이 흙을 앞
치마에 퍼담아 나르다가 구멍이 뚫어진 곳에서 흙이 새어나와 그것들이
360여 개의 오름이 되었고, 마지막 흙을 날라다 부은 곳이 한라산이 되
었다는 이야기다. 다음 설문대할망은 오백명의 아들을 낳았는데, 그들
을 먹이기 위해 죽을 쑤다가 죽에 빠져 죽었고, 어머니의 고기를 먹은
아들들은 모두 죽어 한라산 영실의 오백장군 바위가 되었다는 창조성과
다산성을 지닌 이야기다. 그리고 거구인 할머니가 배가 고파 하르방으
로 하여금 짐승몰이를 시키고 자신은 음부를 벌리고 있으니, 그 속으로
사슴 열마리와 멧돼지 일곱 마리가 들어가 그것으로 포식하였다거나,
하르방이 고기를 몰고 할망은 음부로 고기를 잡아먹었다는 대식성과 다
산성을 드러내는 이야기이다. 또한 제주도민들이 육지와 떨어져 있어

불편한 사정을 알고 그들을 위해 섬에서 육지까지 다리를 놓아 주겠다고 하고, 대신 옷을 지어달라고 부탁하였는데, 명주 백 필이 있어야 옷을 지을 수 있음에도 99필밖에 마련하지 못해 옷이 찢어지고 결국 설문대할망은 다리를 놓다가 중단하고 말았다는, 인간애가 담긴 설화가 전한다. 지금도 제주도민들은 육지와의 격절성을 극복하기 위해 노력하는 모습을 본다면, 언젠가 현대의 과학기술이 설문대할망의 노력을 대신하여 그 염원을 풀어주길 바라고 있다는 현재적 설화로 이해할 수 있다. 설문대할망은 물장오리의 물이 얼마나 깊은지 알아보려고 들어갔다가 결국 그 물에 빠져 죽었다고 하는데, 거대한 여성신의 죽음은 힘에 의해 지배되는 남성신 중심의 시대가 도래하면서 빚어진 패배라고 해석된다. 여성 중심의 사회가 남성 중심의 사회로 변화된 역사적 변천과정을 읽을 수 있다.

1. 선문대, 설명두, 세명뒤 할망, 선마고(詵麻姑), 사만두고(沙曼頭姑)라고도 한다.
2. 거녀(巨女)신화의 특징
   * 대의(大衣) -의(衣), 옷감이 신에 대한 제물, 1필 부족 모티프
   * 대식(大食) - 소천국, 남국성 또는 궤네깃또
   * 대근(大根) - 배가 고파 여근으로 물고기 잡기
   * 배설(排泄) - 수수범벅을 먹고 대변(大便)을 보니 굿망상오름, 오줌발과 우도
   * 거구 - 한 발은 가파도, 한 발은 성상 일출봉에 걸치고 빨래를 함
3. 마고할미 설화
   단군이 거느리는 박달족이 마고할미가 족장으로 있는 인근 마고성의 마고족을 공격했다. 전투에 진 마고할미는 달아나서 박달족과 단군족장의 동태를 살피는데, 알고 보니 자기 부족에게 너무도 잘해주는 것이 아닌가. 그래서 마고할미는 단군에게 심복하게 되었고, 단군은 마고할미의 신하인 아홉 장수를 귀한 손님으로 맞이해 극진히 대접했다. 그 아홉 손님을 맞아 대접한 곳을 구빈(九賓) 마을이라 하고 마고할미가 단군에 복속하기 위해 고성으로 되돌아오며 넘은 고개를 왕림(枉臨)고개라 한다는 것이다(1997. 7. 4. 중앙일보).

III. 탐라건국신화와 본풀이

탐라현(耽羅縣)은 전라도 남쪽 바다 가운데 있다. 그 고기(古記)에 이르기를 태고적에 이곳에는 사람도 생물도 없었는데 3명의 신인(神人)이 땅으로부터 솟아 나왔는데(이 현의 주산(主山)인 한라산 북쪽 기슭에 모흥(毛興)이라는 굴이 있는데 이곳이 바로 그 때의 것이라고 한다) 맏이는 양을나(良乙那), 둘째는 고을나(高乙那), 셋째는 부을나(夫乙那)라고 하였다. 이 세 사람은 먼 황무지에 사냥을 하여 그 가죽을 입고 그 고기를 먹고 살았는데 하루는 자색 봉니(封泥)로 봉인을 한 나무 상자가 물에 떠 와서 동쪽 바닷가에 와 닿은 것을 보고 곧 가서 열어 보았더니 상자 속에는 돌함과 붉은 띠에 자색 옷을 입은 사자(使者)가 따라 와있었다. 돌함을 여니 그 안에서 푸른 옷을 입은 세 명의 처녀와 각종 망아지와 송아지 및 오곡(五穀) 종자가 나왔다. 그 사자가 말하기를 "나는 일본의 사신인데 우리 나라 왕이 이 세 딸을 낳고 말하기를 '서쪽 바다 가운데 있는 큰 산에 하나님의 아들 3명이 내려 와서 장차 나라를 이룩하고자 하나 배필(配匹)이 없다' 고 하면서 나에게 명령하여 이 3명의 딸을 모시고 가게 하여 이곳에 왔습니다. 당신들은 마땅히 이 3명으도 배필을 삼고 나라를 이룩하기를 바랍니다" 하고 말을 마치자마자 그 사자는 홀연히 구름을 타고 가버렸다. 3명은 년령에 따라서 세 처녀에게 장가들고 샘물 맛이 좋고 땅이 건 곳을 택하여 활을 쏘아 땅을 점치고 살았는데 양을나(良乙那)가 사는 곳을 첫째 서울, 고을나(高乙那)가 사는 곳을 둘째 서울, 부을나(夫乙那)가 사는 곳을 셋째 서울이라고 하였으며 이 때 처음으로 오곡을 심어서 농사를 짓고 망아지와 송아지를 길러서 목축을 하여 날이 갈수록 부유해 가고 인구가 늘어 갔다(〈고려사〉 지리지).

제주에는 탐라국이 어떻게 건국되고 고 · 양 · 부 3성이 어떻게 탄생했는가를 보여주는 〈삼성신화〉가 있다. 이 신화를 들여다보면 제주의 독자적 문화를 느끼게 된다. 왜 그런가? 육지의 건국신화와 닮아 있으면서도 그 핵심은 다르기 때문이다. 고대국가가 태동하는 시기에 고구려 · 백제 · 신라 · 가야와 함께 탐라국이 건국되었다. 1세기 무렵에 탐라는 사회경제적인 부를 배경으로 서서히 국가적 기반을 마련하게 된다. 당시 주호(州胡)라는 나라는 한(韓)과 말이 달랐지만 그 상인들이 한에 들어가 장사를 하였다고 했다. 상업을 통해 부를 축적하였고, 아울러

한중일 3국의 중간에 위치하여 해상 중개무역의 근거지였을 것으로 추정된다. 일제 초기 산지항이 개발될 당시 그곳에서 오수전 등이 발견되었는데, 이는 후한의 동전으로 2~3세기에 통용되던 것이라 한다. 그러니 활발한 교역관계를 점칠 수 있다.

고구려나 신라는 철기문명의 도래와 함께 나타난 고대국가이다. 기존의 청동기문명을 지닌 부족이 있었는데, 철기를 지닌 기마민족이 내려와 토착족을 복속시키고 왕이 되었다. 그 주인공이 바로 고주몽과 박혁거세와 같은 영웅이다. 그리고 고대국가 건국과정을 신화로 만들어 지배의 정당성을 확보하였다. 그들이 하늘에서 내려왔다는 신화는 이렇게 마련되었다. 가야의 김수로왕도 하늘에서 내려왔다고 하였으니 철기문명을 지닌 지배부족의 우두머리였던 것이다. 그런데 제주에는 하늘에서 내려왔다는 신화 대신에 땅에서 솟았다는 신화가 전해진다. 제주가 강력한 철기문명의 지배를 받았다면 여기에도 분명 하늘에서 내려온 영웅담이 있어야 할텐데, 그런 신화가 없다. 물론 제주에도 청동기문명이 전해지고 이어서 철기문명이 전해졌다. 용담동 고인돌 무덤에서는 요령식 동검과 철제장검이 발견되기도 했으니, 육지의 강성한 부족이 제주에 와서 새로운 문물을 전해주었고, 이것이 문화 발전의 큰 원동력이 되었을 것이다. 그러나 그들이 지배자가 되지는 않았다. 신화가 그걸 증명한다. 토착의 고·양·부 세력이 새로운 문물을 가져온 부족과 연합하여 고대국가의 기틀을 마련하였으되, 그 주도권은 토착의 부족이 쥐고 있었다. 그들은 땅에서 솟아났다는 신화를 지닌 부족이었다.

하늘이 신성한 곳이듯이 땅도 신성한 곳이다. 만물을 생육하는 생명력을 지닌 것이 땅이다. 육지의 신화가 유목민족의 이동과 관련이 있다면, 제주의 신화는 농경민족의 문화적 전통을 지니고 있다. 3신인과 혼인한 3여신이 오곡의 종자를 가지고 들어오면서 농경문화는 더욱 정착한다. 3여신도 문화의 전달자 역할을 하였다.

제주의 서사무가 중 괴내깃당본풀이 또는 이의 발전적 형태인 송당본

풀이는 삼성신화의 근
원적 신화에 해당된다
고 한다. 여기에서 소
로소천국이 사냥을 하
여 생업을 꾸려나갔는
데, 자녀들이 많아지
자 백주또가 농경을
권하고 있는 것으로
보아 여성신에 의해

사진 3. 3여신 도래

농경이 시작된 것으로 해석될 수 있다고 한다.

제주도 하송당리에 남신 소천국이가, 여신 백주또는 강남천자국에서 솟아
났다. 백주또가 15세가 되어 소천국을 찾아와 가약을 맺고 아들 5형제를 낳고
여섯째를 잉태하고 있었다. 백주또는 소천국의 권유로 농사를 하고 있었는데,
워낙 대식(大食)하는지라 밥도 아홉동이, 국도 아홉동이를 차리는데, 하루는 태
산절 중이 점심을 몽땅 먹어치워서, 배고픈 나머지 밭 갈던 소를 먹고도 모자라
곁에 있던 남의 암소도 먹어치우게 된다. 백주또는 이 사실을 알고, 말다툼을
하다 살림을 분산하고, 소천국은 원래 사냥꾼으로 사냥하며 정동칼쳇 딸을 만
나 첩으로 삼았다. 한편 백주또는 여섯째 아들을 낳아서 아버지를 찾아 주니,
소천국은 아들의 어리광이 귀찮아서, 무쇠석갑에 담아 동해바다에 버렸다. 무
쇠석갑은 용왕국에 들어가 산호나무 가지에 걸렸는데, 그날부터 용왕국에 이상
한 풍운조화가 계속되어 사정을 알고자 용왕이 차례로 딸을 보내나 해결을 못
하고, 마지막 셋째딸이 석갑을 발견하게 된다. 우여곡절 끝에 셋째딸은 궤네깃
또와 혼인하나, 궤네깃또 역시 대식하여 용왕국에서 쫓겨나와 강남천자국으로
가니, 마침 강남천자국은 강성한 남북적이 쳐들어 오는 때라 궤네깃또가 물리
치고, 보화와 양식, 억만군사를 대동하여 제주도로 귀환한다. 궤네깃또가 돌아
오는데 천지가 진동하게 포성을 울리니, 소천국과 백주또가 놀라, 소천국은 알
송당 당신, 백주또는 웃송당 당신이 되었고, 궤네깃또는 김녕의 큰 굴에 좌정하
나, 대접하는 자가 없어 조화로써 신성을 알리고 1년에 한번 돼지 한 마리를 먹
는 당신이 되었다(궤네깃당 본풀이).

우선 삼성신화와 세부적인 일치를 보이는 당본풀이를 비교하여 탐라국 건국서사시의 원형을 재구할 필요가 있다. 궤네깃당본풀이 혹은 송당본풀이는 삼성서사시의 원형으로 볼 수 있는데, 다음과 같은 유사점이 있다.

첫째, 송당본풀이의 소로소천국이 땅에서 솟아나듯이 삼성신화의 삼신인도 땅에서 솟아남

둘째, 송당본풀이가 '웃송당', '셋송당', '알송당'의 상·중·하당의 세 신당이 공존하듯이, 삼성신화에서는 고을라·양을라·부을라의 삼신인이 등장함

셋째, 송당본풀이의 여신 백주또가 무쇠철갑에 실려 제주에 표착하고 있듯이 삼성신화의 삼여신도 목함과 석함에 담겨 제주에 표착하고 있음

넷째, 송당본풀이의 남신이 사냥을 위주로 하고 여신(백주또)는 남신으로 하여금 농사를 새로이 시작하게 하듯이 삼성신화에서 남신들은 사냥을 주업으로 삼고 있는데 삼여신은 오곡종자를 가져와 농사를 시작하게 만든 점

다섯째, 송당본풀이의 남신(문곡성, 소로소천국의 아들)이 제주도 전체를 지배하는 신격이 되듯이 삼성신화의 삼신인이 탐라국을 건국하여 제주 전체를 지배하는 신격이 되는 점

제주의 고·양·부 3신인은 사냥을 하면서 지내다가, 3여신과 혼인하여 농경문화를 정착시킨 것으로 볼 수 있다. 그러므로 송당본풀이와 삼성신화는 함께 남성신의 수

사진 4. 송당

렵문화와 여성신의 농경문화를 보여 준다. 두 문화의 결합은 큰 힘을 발휘하게 하였고, 고대국가의 건설에까지 미치게 된다. 특히 송당본풀이의 문곡성과 같은 주인공이 부모에게 버려진 후 강남천자국에 표착하여 난리를 평정하고 군사를 거느리고 제주에 돌아온 내력은, 주인공의 해상능력을 보여주는 바이다. 그래서 조동일 교수는 '탐라국 건국서사시'가 "재래의 수렵민과 외래의 농경딘이 결합되어 생산력을 발전시킨 토대 위에서 안으로 정치적인 통합을 이룩하고 밖으로 주권을 지키는 영웅이 해상활동을 통해 힘을 키워 작지만 당당한 나라를 세운 위업을 나타냈다"고 하였다. 그리고 탐라국의 위상에 대해 다음과 같이 논하고 있다.

> 탐라국이 동아시아 국제사회의 일원이 되어, 백제·신라·일본·중국 등과 외교관계를 가지고 왕래하면서 교역을 했다. 상대방에 비해 모자라지 않는 정치적 역량, 군사력, 항해능력 등을 두루 갖추었기 때문에 그럴 수 있었다.(조동일, 2001)

이런 발견과 해석은 과거 탐라사에 대한 한국사의 왜곡되고 편협한 서술태도를 비판하고 본토 위주의 역사관을 불식시키는 대단한 견해다. '탐라국'을 고구려·백제·신라·가야 등 고대국가와 대등하게 바라볼 수 있게 하였고, 탐라사를 자리매김하는 계기를 마련해 주었다. 역사 쪽에서 못하는 일을 구비문학을 통해 문학 쪽에서 먼저 실마리를 풀었다고 생각한다.

이 고대국가의 형성과정이 신화와 본풀이에 반영되어 있다. 강남천자국을 평정하고 군사를 이끌고 제주로 돌아오는 문곡성의 내력은 바로 동아시아 해양문화권의 해상능력을 암시하는 것이라 하겠고, 삼여신이 농경과 목축의 문화를 가지고 들어온 것 역시 고대문명의 전래와 탐라국의 형성과정을 상징하는 문맥이라 하겠다. 물론 농경과 같은 중요한 기술적 전환이 바로 탐라국과 같은 사회조직의 변화와 직결되지 않는다고 하겠지만, 철기와 비단과 오곡으로 대표되는 고대문명의 문화적 충격은 컸다고 하겠다. 재래의 수렵민과 외래의 농경민이 갈등을 벌이다가 서서히 결합하여 생산력을 증대하고 국가적인 토대를 마련하였을 것으로 보인다. 그러므로 삼여신의 도래는 가야국의 허왕후 도래와 비견되는 고대국가의 형성과정이고, 새로운 문명의 수입과정을 보여 주는 문화적 교섭의 징후라 하겠다.

역사학계는 아직도 '탐라국' 의 실체에 대해 인색한 입장이다. 한반도의 고대국가보다는 훨씬 늦은 시기인 AD 3~4세기에 고대국가가 형성되었을 것으로 추정하고 신라·백제에 견주어 볼 때 미약한 추장사회였을 것으로 본다. 5세기 탐라가 백제에 복속되었고(476년) 신라 통일 이후에는 신라에 복속되었다는 정도로 이해하고 더 이상 고대국가로서의 면모를 언급하지 않는 것이 한국사의 보편적 서술 태도다. 잠시 존재하던 지방정권이고 이후 중앙에서 관리가 파견되는 변방으로 보는 것은 상식이 되었고, 탐라국이 한국사에 처음 등장하는 것도 13세기 몽고의 침입 이후 삼별초의 난이다. 정말 어처구니없는 처사다. 한국사는 이처럼 고대사를 제대로 담지 못하고 있고, 탐라국을 능멸하고 있다.

한국사 연구는 지나치게 실증주의에 사로잡혀 있다. 증거가 있어야 믿고, 증거가 사라지거나 없으면 사실로 인정하지 않는다. 과학적인 태도라고 할 수도 있지만 꽉 막힌 태도이기도 하다. 정황을 포괄적으로 통찰하여 얻는 결론을 역사학계는 부정하지 말아야 한다. 신화는 역사학계가 제대로 주목하지 못해 온 고대사의 중요한 증거이고, 특히 지금까지 말과 노래로 전해지는 '본풀이' 는 탐라국의 실체를 더욱 명료하게 할 단서라 하겠다. 우리는 신화를 통해 한반도의 고대국가와 대등한 시기에 탄생한 탐라국의 실체를 만나게 된다.

그렇다고 역사학계의 성과를 전부 부정하겠다는 취지는 아니며, 지금까지 이룩한 성과를 토대로 논의를 시작하고자 한다. 고고학 자료의 발굴과 신화에 대한 새로운 해석을 바탕으로 탐라국의 형성과 발전에 관한 연구가 다양하게 전개되어 왔다. 고고학 자료로는 한국 신석기문화의 기원을 밝힐 수 있는 고산리 신석기유적에 대한 발굴 조사, 청동기~철기유적에 해당하는 삼양동유적, 곽지패총 등 탐라국의 형성을 밝힐 수 있는 다양한 자료가 확보되었다. 또한 제주지석묘가 남·북방 절충 형식인 독특한 제주도의 특징을 지닌 '제주도식 지석묘'로 나타났으며, 중국 한대의 철기문화가 제주에 유입된 것으로 학계에 보고되었다. '섬나라'라는 의미를 지니는 탐라국은 고구려·백제·신라뿐만 아니라, 중국의 한·당 및 일본 등 주변국가와 해양교류를 해 왔고, 국제관계 속에서 고대국가의 족적을 남겼다고 보고 있다.

　제주. 고려 중엽부터 불린 이 지명은 제주로서는 타자의 이름이다. 서울에서 저 멀리 바다 건너 있는 땅이란 의미의 제주. 이제는 '탐라'란 고유명사를 회복해야 한다. 고구려, 신라, 백제, 가야와 함께 탐라국도 고대국가였다. 해상활동을 통해 한반도와 중국, 일본과 교류하면서 타 문명을 수용하면서도 독자적인 문명을 일구었던 고대국가였다. 삼국시대 이전에 5국시대가 있었다. 역사 교과서는 탐라국을 고대국가의 반열에 넣고 온당한 평가를 해야 한다. 삼별초의 잔당이 머물던 지역 혹은 죄인을 유배 보내는 지역이라는 편협한 지식을 불식시켜야 한다. 고대 건국신화가 남아 있고, 선주민이 이주민에 의해 지배당하지 않고 독자적인 문화를 중세 이전까지 꽃피웠던 고대국가로 인정해야 한다.

Ⅳ. 제주도 본풀이의 의의

　제주는 1만 8천 신이 산다는 신들의 고향이다. 신들의 내력을 담은 신화가 많이 남겨져 있어서 신화의 수도라고 할 만하다. 그리스·로마 신화가 기록된 것으로 최고라면 제주의 신화는 구비전승되는 것으로 최고라 할 만하다. 기록된 신화는 책 속에 죽어 있는 신화다. 제주의 신화는 말과 노래 속에 살아 있다. 무당의 노래 속에 신들의 내력을 담은 이

사진 5. 본풀이 구송

야기가 살아 있다. 그래서 신화라 하기보다는 '서사무가(敍事巫歌)' 라 해야 하고, 신들의 근본(根本)을 풀어내는 것이니 '무가 본풀이' 라고 불러야 옳다. 무당(제주에서는 심방)과 당골들이 함께 공유하는 것이어서 그냥 '본풀이' 라고 해도 좋다.

인류의 역사가 근대를 맞으면서 종교와 신화와 미신을 극복했다고 한다. 합리적이고 논리적인 사고를 갖고 과학적 명징성 속에서 우리의 일상이 꾸려지고 있다. 초월적이고 비현실적인 것들을 청산하고 현실적 사유방식으로 무장하고 살아간다. 꿈 혹은 이상 속에서 무언가를 갖는 것은 중세의 방식이고, 현실에서 무언가를 소유해야 진정 갖는 것이라고 믿고 산다. 이상도 현실화시켜야 만족한다. 너무 많은 것을 꿈꾸고, 현실 속에서 너무 많은 것을 소유하기 위해 우리는 몸부림친다. 자본이 이념과 주의(主義)가 되는 이상한 세상이다.

왜 현실 속에서 가져야만 진정 갖는 것인가. 꿈으로 간직하고 동경(憧憬)으로 만족하는 세상은 어떤가. 현실 속에서만 부비고 사는 세상은 너무 좁다. 현실과 초현실을 넘나드는 자유분방함을 잃고 사는 세상은 너무 가볍다. 신을 죽여 버리고 인간은 신이 지녔던 거대한 힘과 지혜를 갖고자 했다. 그러나 그 힘을 감당하지 못하고 파탄의 경계선에 와 있

다. 인간이 인간을 핍박하고 있다. 인간은 과학적 규명의 대상이 되었고, 풀과 개처럼 하나의 생명체로 존재한다. 그렇다고 곁에 있는 생명체들을 인간처럼 고귀하다고 여기지도 않는다. 인간 스스로가 인간의 존엄성을 버린 마당에, 곁의 생명체야 인간을 위한 하나의 도구에 불과하게 되었고, 어디에 영혼의 신비가 남아 있더란 말이냐.

신이 살아있던 시대에 인간은 인간에게서 신의 존엄성 발견했었다. 신을 모시는 그 경건함으로 인간을 경배하였던 적이 있다. 삶의 도처에 신이 존재한다고 여기고 경건하게 살았던 적이 있다. 나무에도 풀에도 신이 있고, 집에도 대문에도 장독대에도 부엌에도 신이 있다고 여기며 살았다. 그런 과거형으로 끝나고 마는 것이 우리 현대인의 삶이다. 그런데 제주에는 아직 그 신들이 정낭에도 부엌에도 심지어 화장실에도 살아 있고, 그런 신들의 이야기가 남아 있어, '그랬었다' 의 과거형에 그치지 않고 '지금도 그렇다' 의 현재진행형이다. 그래서 제주의 삶은 경건하다. 현대의 과학으로는 만날 수 없는 존엄성과 엄숙성이 '지금, 여기' 에 있다. 현대의 과학과는 다른 야생의 과학과 철학이 신들의 이야기 - 본풀이 속에 살아 숨쉬고 있다.

신화 속에는 고대사에서부터 중세사, 근대사가 망라된다. 그래서 신화 속에는 고대적 사유에서부터 근대적 사유까지 통시적 접근을 가능하게 한다. 고대 이전의 원시시대의 인간의 삶과 경험을 반영하고 있는 홍수신화는 세계 보편적이다. 홍수신화를 통해 우리는 약 8,000년~1만 년 전의 지구의 경험을 유추할 수 있었다. 제주에는 해가 둘이고 달이 둘인 신화가 나타나는데, 이를 통해 인류가 경험했던 자연현상과 인문현상까지 유추해 낼 수 있다. 그리고 지구의 고난에 대처하는 인간의 의식 발달과정을 찾아낼 수 있다. 더불어 고대적 사유에서부터 서서히 합리적 사유를 하게 되는 과정이 신화 속에 온전히 남아 있다. 제주신화를 통해 인간 사유의 발달과정을 탐구할 수 있다는 점은 행운이다.

제주의 본풀이 신화 속에는 음악, 미술, 문학, 춤, 연극이 공존하고 있다. 우리는 서사물인 신화, 서정시, 희곡의 다양한 문학 장르가 어떻게 변화해 왔으며, 주변의 예술장르와 어떻게 교섭하면서 발전해 왔는가 하는 점을 확인할 수 있게 된다. 그리고 특히 민중문화의 실체에 접근할 수 있다. 굿은 민중 공동체 속에서 살아 있었고, 굿의 구술상관물인 신화에는 민중의 고난과 고난 극복의 의지, 좌절된 꿈과 부활하려는 의지, 현실 일탈과 초월의 꿈이 다채롭게 반영되어 있다. 결국 제주 신화 속에는 역사시대 이전의 오랜 과거에서부터 근대에 이르기까지의 예술사가 담겨 있고, 인생사가 담겨 있음을 확인한 셈이다.

미래지향적 효용성을 하나 더 들어 본다. 제주도 본풀이를 매개로 한국문화의 다양성을 정립할 수 있다. 제주문화의 독자성을 한국문화의 보편성으로 확장하고, 한국문화의 독자성을 동아시아 문화의 보편성과 대비시킬 수 있다. 동아시아가 두루 지녔던 문화인데 우리에게는 남아 있고 저들에게는 사라진 문화현상을 파악하여 그것을 동아시아의 보편성으로 만들어가고, 더 나아가 세계적 보편성으로 만들어가는 것이 바로 한류문화 보급 전파과정일 것이다. 제주문화는 한국문화의 다양성을 가능케 하고, 한국문화가 세계사적 보편성을 획득하는 데 지대한 역할을 할 수 있을 것이다. 제주에는 세계신화에 대응하는 풍부한 신화가 남아 있기 때문이다.

참고문헌

권태효, 『한국의 거인설화』, 역락, 2002.
김헌선, 『한국의 창세신화』, 도서출판 길벗, 1994.
나카자와 신이치, 『신화, 인류 최고의 철학』, 동아시아, 2003.
이청규, 『제주도 고고학연구』, 학연문화사, 1995.
조동일, 『동아시아 구비서사시의 양상과 변천』, 문학과지성사, 1997.
조동일, 「탐라국 건국서사시를 찾아서」, 『제주도연구』 19집, 제주학회, 2001.

전경수, 「상고 탐라사회의 기본구조와 운동방향」, 『제주도연구』 4, 제주도연구회, 1987.

진성기, 『남국의 전설』, 교학사, 1981.

허남춘, 「제주 서사무가와 한국 신화의 관련성 고찰」, 『탐라문화』 21, 탐라문화연구소, 2000.

허남춘, 「제주 서사무가에 담긴 과학과 철학적 사유 일고찰」, 『국어국문학』 148집, 국어국문학회, 2008.

현용준 · 김영돈, 『구비 문학 대계』 9-2, 저주도 제주시편, 한국정신문화연구원, 1981.

현용준 · 현승환, 『제주도 무가』, 고려대 민족문화연구소, 1996.

현용준, 『제주도 신화』(개정판), 서문당, 1996.

현용준, 『제주도 무속과 그 주변』, 집문당, 2002.

시베리아 알타이 신화와 자연

양민종 부산대학교 노어노문학과 교수

▲ 벨루하산

시베리아 알타이 신화와 자연

Ⅰ. 시베리아신화 입문 - 알타이신화

시베리아는 행정상의 공식명칭이나 구체적인 지명이 아니라 관습적으로 내려오는 이름이다.

북위 55도 이북, 동경 60도 이동에 걸친 유라시아 대륙을 보통 시베리아라 부른다. 유래가 확연하지 않고, 뜻에 대한 설명도 분분하다. 우랄의 작은 하천 '시비르'에서 비롯되었다는 주장과 퉁구스어 계열의 단어 '시비리'가 어원이라는 견해가 다수설로 맞서고 있다. '시비르'가 퉁구스어로 '고요의 세계, 잠자는 땅(sleepy land)'을 의미하는 걸 보면, 시베리아라는 명칭은 인구가 희소하고 개발의 손길을 덜 탄 원시적이고 광활한 대륙을 상징하는 적절한 표현인 듯하다.

시베리아신화의 이해를 위한 입문적인 지식으로 알타이신화를 설정한 까닭은 알타이에서 신화이야기들이 풍부하게 발견되고, 알타이신화의 내용이 그리스신화의 신전을 상기시킬 정도로 분명한 세계관과 개성 있는 성격을 가진 신들을 그리고 있으며, 서사시로 나아가는 이야기 장르의 분화를 보이기 때문이다.

게다가, 시베리아 전역에서 관찰되는 이야기들을 대상으로 할 경우, 서로 문화적으로 연결되지 않는 수많은 이야기들만 백과사전처럼 나열하다 그치게 될까 저어해서이기도 하다. 시베리아의 문화와 신화를 샤머니즘과 같은 분명한 키워드로 설명하는 연구자들도 다수 있는데. 이러한 입장에 뚜렷한 성과와 장점이 있는 것도 사실이지만, 시베리아를 하나의 문화권인 것처럼 인식하게 하는 오해를 불러일으키는 문제점을 내포하고 있다는 점도 간과할 수 없다. 시베리아가 동질적인 하나의 세계인 듯 생각하는 경향은 어쩌면 우리의 선입견일 수 있기 때문이다. 시베리아의 샤머니즘이 하나의 종교와 같은 패턴을 갖고 전역에 걸쳐 존재하며 종교적인 실체를 형성하고, 주변부에 영향을 미치면서 한반도에도 일정한 영향을 가져왔으리라는 추정은 파편적인 자료 모자이크와 우리의 상상이 결합하여 생겨난 환상일 수도 있다. 실제의 시베리아와 중앙아시아지역을 들여다보면, 서로 다른 문화와 가치관, 상이한 민담과 신화를 가진 다수의 민족들이 각기 다른 언어를 쓰며 삶을 이어왔고, 현재도 복수의 문화가 공존하고 있음을 확인할 수 있다. 제정러시아와 소비에트기를 거치며 언어와 문화에서 러시아식으로 동화된 부분이 있지만, 여전히 시베리아와 중앙아시아에는 서로 다른 삶의 양식과 전통을 보여주는 다양한 민족들이 존재한다. 시베리아를 '하나의 동질적인 세계' 로 볼 만한 근거보다는 '다양하고 색다른 작은 세계들의 거대한 모임' 이라는 시각에서 접근해야할 근거가 오히려 더 많고, 논리적이라 판단하는 입장이 보다 더 현실에 부합하는 건강한 연구태도일 수 있다.

시베리아를 하나의 문화권 혹은 동질적인 세계로 이해해온 일반적인 태도는 어쩌면 서구인이 먼저 시베리아를 관찰하고 관찰결과를 학문적으로 구조화했기 때문일 수도 있겠다. 하지만 정작 시베리아에 살던 여러 민족들은 자신들의 터전이 시베리아로 불리는 사실도 모르며 존재했고, 넓은 의미에서 지역을 지칭하는 시베리아라는 용어와 무관하게 생존했다. 시베리아를 하나의 문화권으로 보거나 신화와 샤머니즘을 단일한 문화로 보는 입장이 서구의 오해에서 기인했다는 고백과 이에 대한 성찰을 담은 글들이 서구에서 나오는 것을 보면 상식적으로 통용되던 개념들을 비판적으로 살펴볼 필요가 있다. 시베리아의 샤머니즘을 있는 그대로의 다양한 문화의 현상으로 이해하였다기 보다는 서구 기독교문화에 대비되는 이교도문화라는 성격으로 바라보고 '이교도라는 동질성'을 중심으로 외견상 유사하게 드러나는 유라시아 대륙의 주술적 문화체계를 일반화한 것이 작금의 시베리아 샤머니즘일 수 있다. 〈샤머니즘, 시베리아의 영성인가 서구의 상상인가?〉라는 휴턴의 책은 내용의 충실성 여부를 떠나서 제목만으로도 비서구세계를 서구 기독교 세계관에 따라 재단하는 학문적 접근의 문제점을 시사한다.

시베리아 지역 신화와 문화에 대한 입문적인 강의로 시베리아 전역의 이야기들을 조금씩 말해주는 것도 의미가 있지만, 특정한 지역을 중심으로 전해져온 신화를 주제별로 신화논리 내부의 시간구조를 염두에 두면서 말하는 것도 바람직할 것 같다. 이 글에서는 두 번째 방법을 택했다. 첫 번째를 택하지 않은 까닭은 시베리아 전역의 이야기들이 알타이를 비롯한 몇 몇 지역 이야기들의 아류 형태로 혼재하고 있거나, 서구나 동아시아의 신화와 기독교-불교 등 기성종교의 경전이 토착 민담에 스며들어간 모습을 나타내고 있어 조심스러운 접근을 요하기 때문이다. 더불어, 알타이 지역 신화가 그 자체로서 중국신화 혹은 그리스신화에 비견될 만큼 신화 내부의 논리 서사 구조를 확보하고 있는 점도 알타이 신화에 더 흥미를 갖게 하는 요소다. 알타이 신화는 중앙아시아일대와 남부 시베리아 지역, 아프가니스탄, 몽골 지역의 신화와도 상당히 유사한 신화소들을 공유하고 있어, 시베리아 신화의 성격을 단편적인 이야기의 모음으로서가 아닌 신화적인 논리의 체계로 시베리아신화에 접근하기 위한 길잡이의 역할을 할 수 있기도 하다.

Ⅱ. 알타이 신화, 분류의 예

알타이 신화는 신화의 내용에 따라 창세신화, 샤머니즘신화, 종족-지형지물-동식물유래담 등의 형태로 분류할 수 있겠고. 신화를 전해오는 민족에 따라 스키타이 신화, 사키 신화, 투르크 신화, 카자흐 신화, 키르기즈 신화 등 수없이 많은 알타이지역 관련 소수민족 명칭으로 분류하는 방법도 있다.

이 강의에서는 알타이 신화를 우선 신화 내부에 설정된 시간 순서와 주제-내용에 따라 인간 창조 이전의 신화, 인간 창조 이후의 신화, 서사시로 나아가는 신화로 나눠 살펴보자. 이렇게 나누는 방법론의 근거가 연구자들 사이에서 토론된 바가 없지만, 알타이 지역 신화와 타 지역의 유사 신화 이야기를 비교해서 볼 수 있는 시각을 제공해주고, 알타이 신화를 신화 내부의 논리에 따라 시간 순으로 살펴볼 수 있게 해준다. 더 나아가 알타이에서 전해오는 무수한 이야기들을 신화적 형태의 모습과 서사시적인 성격으로 나누는 시도의 출발점이기도 하다. 민담과 신화를 나누는 기준을 확연하게 마련하기가 쉽지 않고, 상징 복합의 신화와 서사중심의 이야기를 신화와 서사시로 구분하는 작업의 분명한 경계나 실익도 뚜렷하지 않지만, 이러한 접근이 알타이 지역 신화의 과거모습을 일목요연하게 드러내면 그 정도로 만족이다.

알타이 지역에서 유래하였거나 알타이에서 채록되어지는 신화들은 대체로 하늘 신 울겐, 혹은 윌겐을 출발점으로 하는 게 일반적이다. 알타이 내부에서 혹은 지역을 벗어나면서 울리켄, 울핸 등의 이름으로 하늘세계 최고신을 부르는 형태가 변용되어 이야기 속에 나타나지만 서로 다른 명칭표현들 사이의 유사성 찾기는 그다지 어렵지 않다.

하늘 신 울겐과 함께 등장하는 하늘 신 에를렉의 경우도 유라시아 대륙 곳곳에서 관찰되는 대표적인 신성 가운데 하나이다. 이야기의 각편에 따라 에를릭, 에를릭 한, 에를리케와 같은 명칭으로 변용되기도 하고, 악신의 이미지를 가진 경우로 묘사되기도 한다. 선과 악의 개념이 탈색된 순수 신성의 이미지로 표현되기도 하며, 하늘 신 울겐의 역할을 대리하는 전능한 신으로 이해되기도 한다. 울겐의 이름이 등장하지 않고 에를렉이 유일한 하늘신으로 등장하기도 한다.

'하늘 신 울겐과 에를렉의 존재'와 '울겐-에를렉 갈등구조'의 신화소가 유라시아 전역에서 고루 발견되는데, 이는 알타이의 신화의 특징적인 신화소들이 시베리아와 중앙아시아에서 광범위하게 공유되어왔음을 보여준다.

'울겐-에를렉' 신화소가 광범위하게 공유되어온 반면, 울겐이 존재하기 이전까지의 신들의 탄생이나 계보, 신들의 관계에 대한 신화적 설명에 관련된 신화 이야기나 신화소가 널리 확산되어있지 않은 점이 특이하다. 이야기나 신화소의 전파 방향을 추정하는 일은 쉽게 결론내릴 성질의 일이 아니지만, 울겐을 포함한 신들의 탄생과 태초의 모습에 대한 일관된 설명을 가하는 신화소가 산악알타이(고르노알타이) 지역을 중심으로 발견되는 사실은 '울겐이 태동하기 이전의 모습에 대한 신화'를 비롯한 '울겐-에를렉 신화소'가 알타이의 이야기들에서 비롯되었을 수 있는 가설이 아주 근거가 없는 주장은 아니라는 점을 보여준다.

알타이 신화를 '1)울겐-에를렉의 대립구조가 나타나기 이전의 신화, 즉, 일반적인 알타이 신화로 알려진 울겐-에를릭 신화 이전의 신화', '2)울겐-에를렉 갈등구조의 신화'로 나눠서 살펴보는 것이 효율적이고 알타이 신화의 전개과정을 신화내부에 장치된 시간순서에 따라 살펴볼 수 있다. '울겐 에를렉 대립구조'가 느슨해지고, 신들의 갈등이 인간세상의 길흉화복과 연결되며 신들이 인간세계에서 거대한 신화적인 역사를 꾸려가는 모습이 관찰되는 이야기들을 앞의 두 가지 분류에 이어 '3)서사시적인 신화의 세계'를 간략하게 설명할 필요가 있다. 먼저 울겐-에를렉 대립구조 이전의 신화를 살펴보자.

Ⅲ. 신화 이전의 신화

알타이 신화는 일반적으로 울겐의 에를렉 창조에서부터 시작되는 것이 일반적이다. 울겐은 텡그리라는 명칭으로 불리기도 하며, 천지개벽 이전부터 존재해온 신중의 신이요, 우주만물을 주관하는 최고의 신으로 이해된다. 울겐의 역할이 에를렉에 의해 대치되는 모습을 보이긴 하지만, 울겐이 이 세계에 모습을 드러내기까지의 신화적 설명이 고르노알타이를 벗어난 지역에서 채록되었다는 증거를 찾기는 어렵다. 알타이 지역에 속하는 하카스, 투바 등지에서도 알타이 신화를 울겐에서 시작하는 것이 보통이다. 따라서 알타이에서도 산악알타이지역을 벗어난 곳의 이야기들에서는 찾기 어려운 울겐 이전 신의 세계를 담은 신화를 살펴보는 작업은 매우 흥미롭다. '울겐-에를렉 갈등신화' 이야기의 유래를 설명하고, 알타이 신화의 신전을 이해하는 요소가 될 수 있기 때문이다.

울겐이 에를렉을 만들고 인간을 창조하는 개벽 이전의 모습을 '신화 이전의 신화' 라는 제목으로 상징화해 보았다. 사실 인간과 신이 함께 도모하는 세계가 아니라 인간이 배제된 신의 세계만을 드러내는 시기이며, 최고신이 생겨나는 과정을 설명하는 어쩌면 금기와 비밀에 가까운 내용을 담고 있기도 하다.

이와 같은 계열의 신화 이야기들을 대체로 다음과 같은 주제로 정리해볼 수 있겠다.

(1) 텡그리가 생겨난 경위에 대한 신화
(2) 신성들의 생겨난 경위에 대한 신화
(3) 오트-아나의 탄생신화
(4) 텡그리의 자손들과 관련된 신화
(5) 흰신과 검은신의 탄생신화

텡그리가 생겨난 경위에 대한 신화이야기는 세상의 시작부분에 대한 독특한 시각을 노출한다. 애시당초 스스로 존재하던 최고신이 제일 먼저 등장하지 않는다. 대신 이 우주가 태초에는 거대한 바다였다고 증언하고 있다. 텡그리 탄생신화 관련 이야기들은 각본에 따라 조금씩 설명을 달리하긴 하지만 대체로 세계의 여명을 다음과 같은 순서로 표현한다.

> (가) 하늘도 땅도 빛도 아무 것도 존재하지 않는 가운데 우주를 거대한 바다가 채우고 있었다. 태초에 물이 존재했다.
> (나) 바다, 즉, 물속에서 흰색 빛(아르 자륵, Ak Zharyk)이 생겨났다.
> (다) 흰색 빛 속에 황금빛을 발하는 알이 생겨났다.
> (라) 알 속에서 최고의 신 텡그리가 잠을 자고 있었다.
> (마) 텡그리가 스스로 알을 깨고 밖으로 나왔다.
> (바) 텡그리가 하늘과 땅을 만들었다.
> (사) 하늘이 땅에 떨어지지 않도록 텡그리가 땅위에 쇠기둥(거대한 나무, 산)을 만들었다.
> (아) 텡그리가 북극성을 만들었다.
> (자) 하늘이 땅에 떨어지지 않도록 텡그리가 하늘을 북극성에 묶었다.

시베리아 알타이의 상제, 즉 하느님이라 할 수 있는, 최고의 신 텡그리의 탄생 신화는 알타이 산맥의 러시아령인 산악알타이(고르노알타이)에서 주로 발견된다. 위에서와 같이 간략하게 정리한 이야기 흐름을 보면, 시간과 공간의 시작부분인 태초에는 텡그리가 존재하지 않았다는 설명이 가능해서 이채롭다. 최고신, 하느님의 탄생 이전에 혼돈이 있었다는 뜻이며, 최고신 역시 혼돈을 통해 '알' 신화를 남기며 생성되었음을 보여주는 독특한 알타이식 철학이 들어있다.

신화 이전의 신화들의 이야기 흐름은 1)텡그리 탄생 이전의 상황묘사와 관련된 신화, 2)텡그리 탄생과정, 3)텡그리가 태어난 뒤 하늘, 땅, 북극성, 우주기둥(우주나무)을 만들어내는 과정으로 이어진다.

태초와 최고신의 탄생과정은 우선 물이 있었고, 그다음 물에서 빛이 생겨났으며, 그 빛 속에 황금알이 있었고, 황금알 속에서 잠을 자던 최고신 텡그리가 태어나는 것으로 설명된다. 하지만, 물로 표상되는 혼돈이 우주의 태초이고, 최고신은 이성적인 존재의 최초이며 우주의 형태를 오늘날의 모습으로 만들어내는 만물의 창조자로 이해된다.

하늘세계가 지상 위에 존재하는 단순한 공간으로서의 허공이나 공중이 아니라 허공 혹은 공중의 한 복판에 별도로 존재하는 공간으로 제시되며, 그와 같은 허공의 공간이 안정감을 가질 수 있도록 하늘세계를 지지하는 거대한 쇠막대기(우주기둥 혹은 우주나무)가 등장한다. 북극성에 하늘세계를 공중에 유지시키도록 하는 안전벨트와 같은 역할이 부여되는 점도 흥미롭다.

태초의 모습, 텡그리의 탄생, 하늘-땅-별의 창조이후 다양한 기능을 가진 하늘신들이 생겨나게 된다. 하늘신들은 최고신 텡그리의 뜻을 받들어 우주의 질서를 유지하고 평화를 이어나가는 역할을 담당하였다. 최고의 신 텡그리의 탄생과정을 묘사하는 신화 이야기들은 다음과 같은 이야기 흐름을 갖는 경우가 대부분이다.

> (가) 최고신 텡그리의 몸이 남자와 여자로 분리 -남성 최고신 울겐, 여성 최고신 우마이-되는 이야기
> (나) 텡그리 울겐의 숨이 바람과 구름의 신을 만들고 목소리가 천둥과 번개의 신을 만드는 이야기
> (다) 텡그리 울겐의 오른쪽 눈에서 낮의 태양과 태양신이 나오고, 왼쪽 눈에서 밤의 달과 달의 신이 탄생하는 이야기
> (라) 지상과 바다, 공중에 적합한 동식물을 창조하는 이야기

하늘의 최고신 텡그리는 남성과 여성의 양성을 가진 존재였던 것으로 판단된다. 생명을 가진 존재들을 탄생시키기 위해서 남녀의 필요성을 보여주며, 생명창조를 위해 텡그리 스스로 남성신과 여성신으로 분열하는 모습은 알타이 신화가 보여주는 독특한 세계관이다. 몸이 두 개로 분열된 이후 생겨난 남성신 울겐은 이후 중앙아시아와 시베리아 전역에서

하늘세계 최고의 신으로 여겨지기 시작했고, 여성신 우마이는 알타이산악지대, 천산산맥 인근의 중앙아시아, 파미르고원지대 등지에 거주하는 민족들에게 다산과 순조로운 출산을 상징할 뿐만 아니라 풍요의 신으로 여겨지게 되었다.

텡그리 울겐이 창조한 여러 신들은 자연현상 그 자체가 아니라 그 이면에서 현상을 지배하는 신성이었던 것으로 보인다. 바람과 번개를 지배하는 신을 창조하고, 태양과 달을 지배하는 신을 제시하는 모습에서 우주의 다양한 현상들 그 자체가 신성이 아니라 그 이면에 신성이 존재한다는 알타이식 우주관을 잘 보여주는 모습이다.

오트-아나의 탄생과정은 지상에 어떻게 불이 존재하게 되었는지를 보여주는 독특한 이야기이다. 오트-아나 관련 신화들은 다음과 같은 주제들을 가진 이야기들로 구성된다.

　(가) 오트-아나와 불이 생겨나게 된 경위에 대한 이야기
　(나) 나둘루가 가져온 불 이야기
　(다) 결혼식과 불이야기
　(라) 출정과 불이야기
　(마) 정화의례와 불이야기

지상거주 인간에게 스스로 문명을 세워나가는 기본적인 도구로서의 불은 신화이야기들에서 최고 여성신 우마이의 선물로 여겨진다. 우마이는 자신의 발뒤꿈치에서 불의 여신인 오트 아나를 만들었다. 불의 여신 오트 아나는 딱딱한 쇠와 부싯돌을 이용해서 불을 만들고 자신이 만든 불을 축복한 뒤 아들로 삼았다. 이야기의 각본에 따라서 오트 아나가 등장하지 않고 불의 아버지로 '딱딱한 쇠'가 언급되고, 불의 어머니로 '부싯돌'이 등장하는 경우도 관찰된다. 불의 신을 오트 아나로 하든 아니면 다른 존재로 생각하든 간에 불은 매우 신성한 존재로 높임을 받았고, 신성을 갖고 있다고 여겨졌다.

불을 인간에게 처음으로 전해준 존재로 '나둘루' 라는 이름이 등장한다. 나둘루는 이야기에 따라 '나둘루샤' 라는 이름으로 표현되기도 한다. 나둘루는 인간들에게 불씨를 전하고, 절대로 불 위로 지나다니거나 침을 뱉지 말고, 일부러 불을 꺼서도 안된다고 가르쳤다. 알타이에서 불을 인위적으로 끄는 것이 금기가 되고 불 스스로 소멸하기를 기다리게 된 전통도 여기서 기인한 것으로 보인다.

알타이 남서부의 카자흐스탄 일대에서는 결혼식 당일, 신랑집에 신부가 도착하면 신랑의 어머니나 가족 가운데 연장자인 여성이 집안의 모닥불에 자신의 두 손을 따뜻하게 데운 다음 두 손으로 신부의 얼굴을 데워주는 이야기가 다수 발견되는데, 이 역시 오트 아나에 대한 존경심의 표현으로 이해된다.

전쟁터로 출정하기 전, 두 개의 커다란 불을 피우고 전사들이 불 사이에 서서 칼을 맞대며 승리를 기원하는 모습이 이야기에서 표현되는데 이 역시 오트 아나에 대한 기원으로 이해된다.

외지출신의 손님이 오거나 공동체의 중요한 행사가 있을 때 손님과 행사주관자를 정화시키는 의식이 불을 이용해서 이루어지는 화소들도 다수 찾아볼 수 있다. 이 역시 오트 아나와 관련된 것으로 이해된다.

텡그리의 자손들과 관련된 이야기들은 신화이전의 신화에서 뿐 아니라 알타이 신화가 울겐-에를렉 신화 시기를 지나 신들이 개입해서 인간들 사이의 문제를 적극적으로 해결하는 신화-서사시의 시기와도 밀접한 관련성을 갖고 있다.

하늘 최고신이 자신의 몸을 텡그리 울겐과 텡그리 우마이로 분열시킨 후 자손을 낳게 되는데. 이야기들에 따라서 자손의 수와 이름이 조금씩 달라지긴 하지만 3형제의 신화소는 공통적인 모습을 보인다.

3형제는 하늘 신들 가운데 이름을 올리며 카이사르(게세르), 칭기스(텡기즈), 에르-사이은(혹은 이렌-사이은)라고 불린다.

　신화의 각본들에 따라 이야기의 내용이 모순되는 경우가 허다하지만, 최고신 텡그리 울겐에 대한 탄생 신화의 경우 앞서 설명한 대로 최고신 텡그리가 스스로 자기분열하여 텡그리 울겐과 텡그리 우마이로 나뉘었다는 설이 있고, 최고신 텡그리는 그냥 그대로 존재하며, 텡그리 우마이만 창조하였다는 설이 존재한다.

　두 번째 설은 텡그리의 3형제 탄생과 관련하여 이야기를 더 진척시키는 경우가 많다. 텡그리와 3형제가 머리를 맞대고 텡그리를 대신해서 지상세계와 하늘세계를 대리 운영해줄 신성으로 울겐을 만들었다는 내용을 담고 있다.

　이야기들에 따라 텡그리 울겐 설과 울겐이 나중에 창조되었다는 설이 공존하지만, 알타이 이외의 지역에서는 이 두가지 설이 거의 다 잊혀지고, 울겐이 태초에 존재하였던 것처럼 여겨지는 것이 일반적이다. 또한 텡그리의 3형제가 울겐의 3형제로 바뀌어 나타나는 것이 오히려 더 일반적인 모습이다. 가령, 바이칼의 게세르 신화에서는 하늘세계 최고신이 울겐으로 나오고 울겐의 3형제가 등장한다. 물론 형제들 사이의 역할과 지상과의 관계도 알타이 신화의 내용과는 다른 형태로 표출된다.

　'신화 이전의 신화' 와 관련된 신화 이야기들에서는 텡그리에 의해서 우리의 태양계에 해당하는 태양(쿤kun)과 달(아이ai)가 만들어질 뿐만 아니라 태양계를 포함하는 99개의 우주공간이 만들어지는 모습이 포함되기도 한다. 고르노알타이국립박물관과 우스치칸 민속박물관에 태양계를 포함하는 우주지도가 여러 점 전시되어있는 것도 텡그리의 99개 우주공간 창조 신화와 관련이 있다. 각각의 공간에 독자적인 '쿤' 과 '아이' 가 생겨났고, 각각의 공간마다 신들이 사는 하늘세계와 인간이 거주하는 땅의 세계가 마련되는 것을 발견할 수 있다. 이러한 모습은 알타이에서 구비되는 신화이야기들이 반드시 시간적으로 오래된 이야기들이라고 볼 수 없는 증거이기도 하다. 우리 태양계 이외의 다른 세계가 있을 것으로 과학적으로 추정되는 시기 이후에 관련된 신화이야기가 각색되어 나왔을 가능성도 있기 때문이다. 알타이 지역 신화이야기들이 대부분 19세기 말 이후 20세기 초반에 걸쳐 채록이 이루어지기 때문에 실제 이야기가 유통되기 시작하던 시기를 추정하는 것이 쉬운 일이 아니다.

텡그리는 인간이 속한 태양계를 상계, 중계, 하계로 나누게 되는데, 하늘 세계가 상계에 해당하며 칸(Kan)으로 불렸다. 칸은 지역에 따라 변형된 이름으로도 이야기 속에 등장하는데, 부리야트 지역의 쿠르부스탄(Kurbustan)이나 투바-몽골 지역의 텐게레(Tengere)와 같이 어간이 완전히 다른 명칭으로 대치되기도 한다. 칸 내부에는 알튼 텔렝게이(Altyn Telengei)라고 불리는 황금땅이 존재하는 것으로 믿어진다. 중계는 에즈렌 텐게레(Ezren Tengere)라고 불리며, 하계는 카라 텐게레(Kara Tengere)라고 불리며 인간들이 거주하는 것으로 알려져있다. 우리가 거주하는 태양계에 대한 분류법이 대체로 상-중-하계와 같이 3분법에 따라 이루어지는 것은 거의 대부분의 이야기에서 관찰되는 공통점이지만, 인간세계가 중계에 속하는지 하계에 속하는지에 대한 문제는 이야기에 따라 다른 경우가 많다.

상계의 황금땅 한 복판에는 '세계산' 혹은 '우주산' (한 텡그리 Khan tengri 혹은 수메르 Semer)이 있는 것으로 묘사되며 그 곳에 신들이 거주하는 것으로 이해되는 것이 일반적이다. 우주산에는 지상과 물의 정령들인 제르수(Zer-su)와 이에르수(Ier-su)와 같은 존재들도 거주하고, 자익(Zhayk)이라는 신과 인간의 매개정령 혹은 인간을 보호하는 보호정령 혹은 아기의 출생부를 전달하는 보조신령이 사는 것으로 묘사되는 경우가 많다. 자익은 오트 아나와 함께 텡그리 울겐의 명을 받고 인간세계로 가서 인간을 비롯한 동물들의 출산고지를 하고 출산과정과 가정을 보호하는 임무를 가진 것으로도 유추된다. 자익을 형상화한 부적이나 상징물을 집안의 출입구 위에 두는 것이 전통알타이 사회에서뿐만 아니라 오늘날에도 이어지는 관습이다.

샤머니즘 세계에서 백신, 흑신으로 불리는 신성의 맹아에 해당하는 '흰 길의 신' (알라졸 텡그리 Alazhol tengri)와 '검은 길의 신' (카라졸 텡그리 Karazhol tengri)에 대한 이야기가 발견되는데 알라졸 텡그리는 새벽이 오는 것을 사람들에게 알려줘서 밝음 속에서 살 수 있도록 도와주는 선한 신으로 이해되고, 카라졸 텡그리는 낮이 끝나고 어둠이 짙어지는 것을 알려주고 사람들을 잘못된 길로 인도하는 악한 신으로 이해되기도 한다. 하지만 이야기에 따라서는 알라졸과 카라졸 텡그리 모두 선과 악의 이분법으로 나눠지기 어려운 존재로 묘사되기도 한다.

IV. 울겐과 에를렉 신화 이야기

울겐과 에를렉의 긴장관계를 설명하는 신화가 알타이 신화 이야기들 가운데 가장 많은 수를 차지하는 것으로 보인다. 대개의 경우 울겐은 태초부터 스스로 존재해온 하늘의 최고신으로 여겨지며 에를렉은 울겐에 의해 창조된 피조물로 설명된다. 하지만 피조물인 에를렉이 스스로를 신이라 칭하고 울겐과 반목하게 되면서 갈등이 생긴다. 울겐이 인간을 창조하면서 에를렉과의 관계가 선신과 악신의 관계로 정형화되는 경우가 대부분이지만, 실제로 울겐과 에를렉을 선악으로 쪼개어 관찰하기 어려운 경우도 발견된다.

알타이 지역에서 울겐과 에를렉이 포함되는 에피소드를 가진 신화들은 대체로 다음과 같은 주제로 분류해볼 수 있다.

(1) 텡그리 울겐이 땅과 하늘, 동식물 그리고 에를렉을 만들다
(2) 만그드쉬레와 마이제레의 탄생, 일곱명의 남자의 탄생, 여자의 탄생 그리고 개와 울겐의 이야기
(3) 만그드쉬레와 에를렉의 갈등, 지상의 고통, 대홍수, 산이 된 알타이 용

사들 이야기

'울겐-에를렉 갈등구조' 신화 이야기는 알타이의 범주를 넘어서 유라시아 대륙 곳곳에서 조금씩 모티프를 달리해서 발견된다. 전형적인 선신과 악신의 대결구도라는 흔한 주제를 갖고 있기도 하지만, 실제로 울겐과 에를렉이라는 명칭이 타 지역에서 사용되는 것을 보면 알타이 지역의 신화가 통째로 혹은 신화소 단위로 타 지역의 이야기에 스며들어간 증거일 수 있음을 알 수 있다. 물론 이주이야기가 전해지고 이동하는 경로를 예단할 수는 없다. 따라서 '울겐-에를렉 갈등구조 신화소'의 시작이 알타이라고 주장하는 것은 검증이 곤란한 부분일 테고, 이와 같은 신화소가 알타이 신화의 특징이고, 타 지역 신화 이야기에서도 '울겐-에를렉'과 유사한 신화소가 발견된다는 정도까지는 주장할 수 있겠다.

'신화 이전의 신화'를 주제로 해서 살펴본 바와 달리 '울겐-에를렉' 갈등구조에서는 울겐을 최고의 하늘신이며, 태초부터 스스로 존재한 최고의 신으로 묘사하는 것이 전형적이다. 혼돈의 공간에 바다로 상징되는 생명의 물이 등장하는 게 일반적이며, 그 바다속에서 육지를 비롯한 새로운 세계의 창조가 시작되는 것을 보여준다.

텡그리 울겐이 땅을 비롯한 요소들을 창조하는 신화 이야기는 대체로 다음과 같은 이야기 순서를 담고 있다.

(가) 태초부터 스스로 존재한 최고신 텡그리 울겐의 비행
(나) 울겐과 물의 여신 아크 에네와의 대화
(다) 주문을 통해 말로써 땅과 하늘을 창조
(라) 에를렉을 만들다
(마) 만그드쉬레와 마이제레, 개를 만들다
(바) 일곱명의 남자와 여자를 만들다.
(사) 여자와 개 그리고 에를렉

위의 이야기에서는 울겐이 태초부터 존재하고 있음을 보여준다. 울

겐의 주위는 혼돈이 메우고 있고, 혼돈 아래에는 바다가 존재한다. 울겐은 외롭고 지쳐있다. 울겐에게 다가와 땅과 하늘을 만드는 창조섭리의 비밀을 아크 에네 즉, 흰머리 할멈이 가르쳐준다. 울겐의 창조섭리의 비밀은 말이었다. 즉, 울겐이 마음속으로 무엇을 만들지 생각한 다음 입 밖으로 말을 하면 울겐의 뜻대로 모든 것이 생겨났다. 하늘과 땅, 그리고 동식물과 인간까지도 울겐의 말에 의해서 창조되었다. 이와 같이 시베리아 알타이 신화에서는 언어의 주술적 성격이 두드러진다.

태초부터 존재하고 있는 텡그리 울겐이 물의 여신 흰머리 할멈인 아크 에네의 도움을 받아 하늘과 땅을 창조한 뒤, 최초의 인간을 만드는데, 바로 그 인간이 에를렉이다. 에를렉은 스스로 능력을 키우며 자신이 울겐만큼이나 큰 능력을 가진 존재이며, 신이라는 생각을 하게되고, 스스로 울겐에 반하는 일을 한다. 최초의 인간은 결국 신의 반열에 올라갈 뿐더러 세상일에 균형을 잡으면서 동시에 갈등을 초래하는 신의 상징이 된다. 최초의 인간으로 만들었던 존재가 신이 되는 모습은 인간과 신이 기본적으로 동질한 요소를 공유하고 있음을 알타이 신화가 암시하는 대목이라고 하겠다.

울겐은 세상을 화평하게 하는 존재를 만들고자했던 자신의 의도와 달리 에를렉의 행동과 말이 세상을 어지럽히는 근원이 되는 것을 보면서 에를렉에 맞서는 다른 인간들을 만들게 되는데 그러한 존재로 만그드 슈레와 마이제레가 등장하는 것을 볼 수 있다.

만그드 슈레는 하늘 세계에 거주하며 울겐을 대신해서 에를렉에 맞서는 하늘 신의 성격을 가진 것으로 이해되는 것이 보통이다. 마이제레는 지상에 거주하며 인간세상의 조화를 도모하는 존재로 신과 인간의 중간적인 존재로 설명된다.

울겐은 계속해서 일곱 남자, 일곱 그루 나무, 개 한 마리를 만든다. 이후 동식물을 창조해서 지상에 번성하도록 명한다.

최초의 여자는 울겐에 의해 만들어지지 않고, 마이제레에 의해 만들어지는 것으로 설명된다. 마이제레는 지상의 동식물들이 모두 암수 짝을 이루어 번성하는 것을 보고서 진흙을 빚어 여자를 만든다. 하지만 진흙여인에게 생명의 숨을 불어넣을 능력이 마이제레에게 없었다. 마이제레가 이 사태를 해결하기 위해 개에게 여인을 지키도록 명하고 울겐을 찾아간 동안 하늘신 에를렉이 개에게 나타나 개를 속이고 여인에게 경박하고 교만한 에를렉 자신의 숨을 불어넣는다. 이렇게 탄생한 여인은 일곱 개의 영혼을 가진 것처럼 서로 다른 생각을 동시에 할 수 있고, 7개의 악기가 제각기 다른 소리를 내듯 아무 말이나 입 밖으로 내는 혀를 갖게 되었다.

일곱 남자가 모두 다 에를렉이 만든 여인을 원하지 않게되고, 결국 울겐이 나서서 일곱 여인을 손수 창조한다. 일곱 쌍의 남녀가 지상에 인간들을 번성시키게 된다.

울겐-에를렉 갈등구조는 인간의 탄생에서 1차 충돌을 빚고, 울겐이 휴식을 취하는 동안 만드그쉬레-에를렉의 갈등으로 이어지며 2차 충돌을 보여준다. 두 번째 갈등으로 인해 하늘세계에서는 만그드쉬레와 에를렉의 진영으로 하늘 신들이 나뉘어지며, 싸움이 벌어지고 그 결과 싸움에서 패한 에를렉이 인간세상으로 내려와서 인간세계에 고통과 갈등을 야기하는 상황을 초래하게 된다. 신들 사이의 갈등구조에 인간들이 개입하게 되는 양상으로 전개되는 모습은 알타이 신화의 성격을 새로운 국면으로 이끈다. 알타이 땅에 수없이 많이 솟아있는 산봉우리들의 유래신화와 대홍수신화가 발생한다. 관련된 이야기들의 진행과정은 대개 다음과 같이 펼쳐진다.

(가) 만그드쉬레-에를렉의 하늘 세계에서의 갈등과 싸움
(나) 싸움에 진 에를렉 세력의 지상 도피와 지상에서의 문제 발생
(다) 인간세상의 고통을 구제하기 위해 하늘신의 아들인 하늘용사 3000을 지상으로 내려 보냄

(라) 지상에 온 하늘용사 3000이 에를렉의 잔꾀에 빠져 주지육림에 허우적
　　거리는 동안 지상은 더 도탄에 빠짐
(마) 울겐은 하늘용사들과 에를렉을 징벌하기 위해 대홍수를 내림
(바) 죽어가는 하늘용사들을 용서하고 그들을 알타이 지역의 산봉우리로
　　변신시킴

위의 이야기 얼개는 어느 지역의 이야기에서든 거의 비슷한 양상으로 전개된다. 알타이에 솟아있는 산봉우리들이 하늘신의 아들이며 하늘용사라는 생각이 알타이 전역에 고투 퍼져있다. 알타이의 성씨들이 하늘용사의 이름을 따라 지어졌다는 성씨유래담 역시 알타이 산봉우리 유래담의 다른 변형인 것으로 보인다. 석(Seok)은 알타이에서 성을 지칭하는 단어인데, 알타이 석이 대부분 산봉우리의 명칭에서 유래되었고, 산봉우리는 결국 하늘용사들의 다른 모습이기 때문이다.

V. 신화 상징에서 신화 서사시로

'울겐-에를렉 갈등구조 신화 이야기들에서 흔히 나오는 '산봉우리가 된 하늘용사의 신화' 는 지역마다 즈금씩 다른 이야기구조를 가지고, 대형 서사의 형태를 취하면서 시베리아 특유의 영웅 신화 서사시 장르로 이어지는 것을 볼 수 있다. 알타이의 마아다이 카라 서사시, 알립마나쉬와 쿠무젝아아루를 비롯해서 티벳-몽골-부리야트 지역의 게세르 신화에 이르기까지 시베리아의 영웅서사시가 생겨나는 배경을 알타이 '울겐-에를렉 갈등구조 신화' 가 보여준다고 하겠다.

지상에서 암약하던 에를렉과 그의 후손들을 물리치고 인간들을 고통에서 구하는 이야기는 신화적인 상징에서 문학영역인 구비서사시로 활발하게 변형되는데, 알타이에서는 '카이' 계열의 서사시로 문학장르화

하는 모습을 보여준다. '카이' 서사시들은 대부분 신화적 내용과 상징을 담고 있으며 역사적인 모티프를 접목시켜 서사시의 형식을 갖추고 있다. 특히, 마아다이 카라, 게세르와 같은 작품들은 신화의 세계와 인간의 역사가 접목된 대규모 서사로 발전하고 있는 모습을 보여준다.

알타이의 '창세신화인 신화 이전의 신화' 이야기들과 '울겐 에를렉 갈등구조 신화' 이야기들은 알타이지역을 거쳐 간 소수 민족들의 세계관 형성에 상당한 역할을 하였을 것으로 추정된다. 알타이의 신화적인 세계관은 단순한 허구를 가진 신화 상징에 불과하지만, 카이나 초르촉과 같은 구비문학의 소재가 되면서 인간세계의 현실을 설명하고 새로운 미래의 희망을 기대하는 판타지 문학으로 이어진 것으로 설명할 수 있다. 산악 알타이에서 다양한 장르의 구비문학이 성했고, 다수의 이야기 채록판본이 존재할 수 있었던 까닭도 알타이의 풍부한 신화 자산의 힘이라고 볼 수 있다.

인류문화의 판타지, 신화

중국 소수민족의 신화

김선자 연세대학교 교수

▲ 광시좡족자치구 줘쟝(左江) 지역의 '화산' 절벽 그림

중국 소수민족의 신화

Ⅰ. 천상의 꽃밭에서, 사람은 꽃이었다

중국의 남부지역, 광시좡족자치구[廣西壯族自治區]는 독특한 풍광을 가진 곳이다. 연한 초록빛의 논이 이어지다가 갑자기 불쑥 솟아오른 기묘한 봉우리들이 눈에 들어온다. 그러다가 언제 그런 봉우리가 있었냐는 듯이 다시 연초록빛 평평한 논이 이어진다. 그렇게 독특하고 아름다운 풍광을 가진 그곳엔 겨울에드 화려한 진분홍빛 부겐빌레아(Bougainvillea)가 곳곳에 피어있다. 일 년 내 고운 꽃들을 볼 수 있는 곳, 특히 설이 지날 무렵이면 메마른 가지에 갑자기 커다란 주홍빛 꽃, 목면화(木棉花)가 피어나면서 도시를 환하게 밝혀준다. 목면화는 광둥[廣東]성 광저우[廣州]시의 시화(市花)이기도 하고 광시좡족자치구의 중심도시인 난닝[南寧]의 길거리를 가득 채운 가로수이기도 하다. 목면화는 '번지화(樊枝花)'[1]라고도 하는데 영웅적 기개를 보여준다고 하여 '영웅수(英雄樹)'라고도 불린다. 목면화를 영웅수라고 부르는 것은 그 꽃이 좡족 사람들의 시조인 부뤄퉈[布洛陀]를 수호하는 전사의 영혼이

---

1) 중국에서 유일하게 꽃 이름을 도시 이름으로 정한 곳이 있다. 바로 쓰촨[四川]성 판즈화[樊枝花]시가 목면화, 즉 번지화를 도시 이름으로 삼고 있다. 목면화는 또한 중국남방항공의 회사 로고에도 쓰이고 있다.

사진 1. 부겐빌레야

사진 2. 목면화

사진 3. 중국남방항공 로고

변해서 된 꽃이기 때문이다. 그는 언제나 손에 횃불을 들고 싸웠고, 죽을 때에도 그러했다. 그래서 지금 가지가 온통 붉은 꽃으로 뒤덮인 목면화가 된 것이다.

시작부터 이렇게 꽃 이야기를 늘어놓는 것은 다름 아니라 바로 그 지역에서 살아가는 사람들의 생활이 꽃과 뗄 수 없는 관계에 있다는 것을 말하기 위함이다. 아열대지역에 속해 일 년 내 꽃을 볼 수 있는 그곳에서 꽃과 관련된 신화가 많이 전승되는 것은 당연한 일일 것이다. 광시쫭족자치구에는 1600만 명의 쫭족이 살고 있지만 그밖에도 야오족[瑤族] · 무라오족[仫佬族] · 마오난족[毛南族] · 수이족[水族] · 부이족[布依族] · 거라오족[仡佬族] 등 다양한 소수민족들이 거주한다. 그리고 그들 모두에게는 꽃과 관련된 신화들이 전승되고 있다. 물론 그 중심에는 창세여신이자 꽃의 여신인 무리우쟈(姆六甲혹은 미뤄쟈, 모루샤)가 있다.

II. 좡족의 창세여신, 꽃에서 탄생하다

아득한 옛날, 우주가 상 · 중 · 하 삼계로 나뉘었으나 중계엔 아무 것도 없었다. 그러다가 갑자기 중계의 대지에 꽃이 솟아났다. 무슨 색이라고 확실하게 말할 수 없는 그 꽃이 피어나자 그 안에서 여인이 하나 나왔는데 이 여인이 바로 인류의 시조이다. 머리는 길고 실오라기 하나 걸치지 않았으며 온몸엔 털이 났고 매우 총명했다. 이 여인이 바로 후세 사람들이 '무리우쟈'라고 부르는 여인인데 지혜가 있어 총명한 사람들의 스승이 될 만 했고 그래서 미뤄시[米洛甲]라고도 불렸다.

좡족의 창세여신 무리우쟈는 원래 거인 여신이었다. 그녀가 내쉰 숨이 위로 올라가 하늘이 되었다. 하늘에 구멍이 나자 솜으로 틀어막았는데 그것이 바로 하늘에 떠다니는 하얀 구름이 되었다. 땅의 크기가 하늘보다 커서 맞지 않자 무리우쟈는 땅의 가장자리에 바느질을 하여 실을 잡아당겨 땅에 주름을 잡아 하늘과 땅의 크기를 맞추었다. 그 덕분에 주름 잡힌 곳이 산이 되고 그 사이는 협곡이 되었다고 한다.

무리우쟈는 크고 거대한 여신이었다. 어느 날 오줌이 마려워 바람을 맞고 두 발로 각각 산을 하나씩 딛고 서서 오줌을 누었다. 그 오줌이 땅을 적시자 축축해진 진흙을 빚어 인간을 만들었다. 그때 남녀가 갈라지지 않아 미뤄쟈가 산으로 가서 양타오[楊桃]와 고추를 따다가 사람들에게 뿌렸다. 양타오를 가진 사람은 여자, 고추를 가진 사람은 남자가 되었다.(邵志忠 1994)

무리우쟈는 원래 이런 창세의 거인여신이었다.[2] 무리우쟈의 생식기가 동굴처럼 커서 비바람이 몰아치면 동물들이 모두 그 안으로 들어가서 숨었다는 이야기도 전해지는데, 이것은 무리우쟈의 생식기가 만물의 근원이며 강한 생식력을 가지고 있음을 말해주고 있다. 물론 지금 현재

---

2) 무리우쟈와 부뤄퉈에 관한 이야기는 김선자, 『중국 소수민족 신화기행』에 구체적으로 소개되어 있다.

사진 4. 무리우쟈 여신을 모신 동굴

사진 5. 부뤄튀를 모신 간좡산

좡족 사람들은 부뤄튀[布洛陀]를 자신들의 시조로 모시고 있다. 그래서 해마다 봄이 되면 간좡산[敢壯山]에 모여 시조인 부뤄튀를 모시는 제사를 올린다. 부뤄튀를 노래한 서사시인 『부뤄튀경시[布洛陀經詩]』에 보면 부뤄튀의 이름과 함께 무리우쟈도 등장하여 시조 할머니의 역할을 하고 있지만, 이 서사시에서 무리우쟈는 이미 독존의 지위를 누리는 지고무상의 창세신의 지위를 잃어버리고 있다. 이것은 중국신화에 나타나는 여신의 일반적인 변천 과정을 잘 보여주고 있는 예이다. 원래 무리우쟈는 창세의 여신이었으나 나중에 부뤄튀라는 남성 신과 직능을 나누며 독존의 지위를 잃게 된다. 그리고 마침내 무리우쟈는 민간에서 숭배되는 꽃의 여신으로 다시 변하게 된다.

Ⅲ. 꽃의 여신, 영혼의 꽃밭에서 생명을 키우다

세상을 만들고 질서를 잡은 창세여신 무리우쟈(미뤄쟈)는 천상의 공간인 화산(花山)을 관리하며 많은 꽃을 길렀다. 좡족 사람들은 그래서 무리우쟈를 '화파(花婆, 꽃 할머니)' [3] '화왕성모(花王聖母)' 라고 불렀다. 무리우쟈가 어떤 집에 꽃을 가져다주면 그 집엔 아이가 태어났다.

화산에는 붉은 꽃, 흰 꽃들이 피어 있었는데 붉은 꽃을 가져다주면 여자아이가, 하얀 꽃을 가져다주면 남자아이가 태어났다. 화산의 꽃에 벌레가 생기거나 물이 모자라면 인간세상의 아이가 병이 났다. 그러면 그 집에서는 스공[師公][4]을 모셔다가 '화페이건[培花根, 꽃의 근원을 보듬어주는]' 의례를 거행해 화파에게 그것을 알려 화파가 꽃의 벌레를 잡고 물을 주기를 기원한다. 꽃이 다시 건강해지면 아이의 병도 낫는 것이다. 화파가 붉은 꽃과 흰 꽃을 옮겨다가 함께 심어놓으면 인간 세상의 남자와 여자가 혼인하여 부부가 되었고, 사람이 죽으면 화산으로 돌아가 다시 꽃이 된다.[5]

쫭족의 거인 창세여신 무리우쟈는 이렇게 꽃의 여신이 되고, 아이들을 세상에 보내주는 영혼의 꽃밭의 주인이 된다. 하늘과 땅을 만들고 인간을 만들었던 무리우쟈의 위대한 신성이 꽃의 여신이 되면서 줄어든 것이라 말하는 사람들도 있다. 부뤄퉈라는 남성 신이 등장하면서 원래 창세의 위대한 역할을 담당했던 무리우쟈가 자신의 신성을 잃어버리고 부뤄퉈의 짝신으로 지위가 낮아지면서 아이를 점지해주는 역할만이 '화파'라는 이름으로 남아있다고 보는 것이다. 그러나 생각해보면 무리우쟈가 천상의 꽃밭의 주인 노릇을 하는 것이 과연 여신의 지위 하락이라고만 말할 수 있을까. 꽃과 생명의 관리자라는 '화파'의 속성은 꽃에서 태어난 여신 무리우쟈의 창세신 신격에 포함되는 것이라고 보아야할 것이다. 생명 창조의 능력이야말로 여신의 가장 큰 속성이 아니겠는

---

3) 일찍이 劉錫蕃의 『嶺表紀蠻』에 '화파'에 대한 기록이 나오는 것을 볼 수 있다. "僮(壯)俗祀'聖母', 亦曰'花婆'. 陰曆二月二日, 花婆誕期, 搭彩樓, 建齋醮, 延師巫哸誦, 男女聚者千數百人, 歌吟叫號, 二三日內散, 謂之'所星'. 又, 僮(壯)人乏嗣, 或子女多病, 則延師巫'架紅橋''接彩花', 乞靈於'花婆', 斯時親朋皆賀…"
4) 스공은 쫭족과 야오족의 시인이며 역사와 문화, 종교의 전승자이고 또한 학자인데, 종교 의례를 주재한다.
5) 田陽의 壯族인 黃勇刹이 1980년에 궈웨이[過偉]를 위해 강술함.

가. 천지만물을 만들어내는 것이나 인간에게 생명을 주는 영혼의 꽃을 기르는 것이나 결국은 같은 맥락의 것이기 때문이다.

여기서 영혼의 꽃밭이 있는 '화산' 에 대해 살펴볼 필요가 있겠다. 무리우쟈가 영혼의 꽃을 기르는 화산은 제주도신화에 등장하는 서천꽃밭과 같이 현실에 존재하지 않는, 시공을 초월한 아득하며 영원한 곳이다. 물론 차이점은 있다. 서천꽃밭에는 수많은 인간들이 찾아간다. 제주도신화에 등장하는 자청비를 비롯해서 신산만산할락궁이, 여산부인의 일곱 아들 등 모두가 그곳에 간다. 서천꽃밭이라는 그 공간은 신의 공간에만 속한 곳은 아닌 것이다. 물론 「삼승할망본풀이」에 나오는 서천꽃밭을 보면 그것은 또한 인간의 공간에 속해있는 곳은 아닌 듯하다. 꽃씨를 뿌려 생명의 꽃들을 기르고 영혼을 지닌 그 꽃들을 인간세상으로 보내는 맹진국 따님애기가 관장하는 그곳은 신성한 공간이기 때문이다. 태어나기 전의 영혼들이 꽃의 모습으로 자라고 있는 곳, 그리고 15세 이전에 죽은 아이들의 영혼이 올라가 다시 꽃이 되는 곳, 그곳이 인간의 영역일리는 없지 않은가? 그렇다면 서천꽃밭이라는 이 공간은 고난을 극복하고 나중에 신으로 좌정할 수도 있는 특별한 능력을 지닌 영웅적 인간들만이 들어갈 수 있는, 그런 특별한 공간이다. 신들의 영역에 속해있으면서 인간에게도 진입을 허락하는 특이한 공간, 그곳이 우리나라 신화에 등장하는 서천꽃밭이다. 그런데 화산은 다르다. 그곳은 무리우쟈라는 여신만의 공간이다. 오직 '스공' 이라는 특이한 존재만이 영혼여행을 통해 그곳에 진입하는 것이 가능하다. 세상 모든 사람들은 천상의 꽃밭에 자신의 영혼 꽃을 갖고 있고, 죽은 뒤에 다시 그곳으로 가서 새롭게 태어날 시간을 기다린다. 천상의 영혼의 꽃밭은 그래서 죽음 뒤에 가는 세상이면서 동시에 새로운 생을 준비하는 생명의 공간이다. 윈난성에 거주하는 이족[彝族]이나 나시족[納西族], 하니족[哈尼族] 등의 소수민족은 사람이 죽어 영혼이 되어 조상들의 땅으로 돌아가면 그곳에서 살아갈 뿐, 세상으로 다시 돌아온다고 생각하지는 않는다. 그러나 쫭족의 경우 영혼은 천상의 꽃밭 화산에서 다시 꽃이 되었다가 세상으로 돌아온다고 생각한다.

IV. 꽃 할머니, 아기의 침대를 지키다

지금도 좡족 민간에서는 여전히 화파에게 아이 낳기를 기구하거나 건강을 비는 습속이 있다. 어떤 곳에서는 침대머리에 화파의 신위(神位)를 만들어 놓기도 한다. 화파는 '상두파(床頭婆)' 라고도 불린다. 이름은 달라도 생육을 주관하는 이 여신의 원형은 무리우쟈이다.

좡족 뿐 아니라 마오난족과 무라오족, 부이족에게도 화파에 대한 숭배가 있다. 화파는 '파왕(婆王)' 이라고도 불린다. 무라오족에게는 남신인 화림태자(花林太子)가, 마오난족에게는 여신인 화림선관(花林仙官)이 있는데 그들 모두가 파왕, 즉 화파를 도와 천상의 꽃밭에 있는 꽃을 지키고 인간 세상에 꽃을 보내주는 일을 했다. 삼승할망이 관리하는 우리나라 제주도의 서천꽃밭 신화에도 꽃감관이 등장하는데 어쩌면 이들이 하는 일이 바로 꽃감관의 역할이었을 것이다.

마오난족은 파왕(婆王(만세낭낭萬歲娘娘), 화파)에게 제사를 올린 뒤 아들을 낳으면 '환파왕원(還婆王願)' 이라는 의례를 행한다. 사흘 동안 계속 진행되는 제의에서는 노래도 부르고 낭송도 한다. 신단에 종이로 화파루(花婆樓)를 만들어 놓고 파왕을 그곳에서 쉬게 하면서 꽃(아기)을 내려주기를 청한다. 그러다가 마침내 아이를 얻게 되면 환원(還願)의 례를 행하여 파왕의 은혜에 감사드린다. 마오난족의 환원은 그들 말로 'feitao(肥套)' 라고 불린다. 아이를 얻게 되면 반드시 신에게 감사를 드리는 제사를 지내야 한다. 만일 그 의례를 행하지 않으면 좋지 않은 일이 생긴다는 것이다. 옛날, 아이를 보내주면 감사의 제사(환원)를 드리겠다는 약속을 잊은 부부가 있었다고 한다. 파왕(婆王)이 화병(花兵)을 보내어 아이 일곱을 모두 거두어 가버리자 부부가 눈물로 날을 지새웠는데, 이유를 알지 못했던 부부에게 파왕이 선관(仙官)을 보내어 환원의 약속을 지키지 않았기 때문이었음을 알려준다. 그래서 부부는 이후 반드시 제사를 올리겠다는 약속을 하고 아이들을 돌려받았다고 한다. 신이 은혜를 베푼 것에 대한 감사의 제사를 올리는 것이 얼마나 중요한가를 강조하는 이야기이다.(韋秋桐·譚亞洲 1994)

무라오족이 사는 곳에는 파왕을 모신 사당[婆王廟]이 많다. 음력 3월 3일을 파왕의 생일인 '화파절(花婆節)'이라고 여겨 마을 단위로 돼지를 잡아 제사를 올린다. 제사가 끝나면 제물을 집집마다 공평하게 나눈다. 3월 20일에 다시 파왕에게 제사를 올리는데 이날은 사람들이 자유롭게 참가한다. 아들을 원하는 사람은 파왕묘에 가서 제사를 지내면서 「구파가(求婆歌)」를 부른다. 제사를 올리고 나서 마침내 아이를 낳게 되면 아기 엄마의 침대머리에 파왕의 신위를 만들어놓고 매달 초하루와 보름에 제사를 지낸다.

부이족(布依族)에게도 모리우사[摩陸呷] 숭배가 있다. 생육을 관장하는 만세천존성모(萬歲天尊聖母)와 꽃을 보내주는 화림선관(花林仙官)도 모시는데, 마오난족의 만세낭낭(파왕, 화파), 화림선관과 같다. 의례를 행할 때 자상한 중년여신의 모습을 하고 있는 것도 비슷하며, 젊은 여성의 얼굴가면을 쓰는 것도 같다. 쫭족과 무라오족, 마오난족과 부이족 모두 아기가 태어나면 외할머니가 들꽃을 따다가 아기를 낳은 딸의 침대 머리에 화파의 신위를 설치하고 아기의 건강을 비는 습속을 갖고 있다. 또한 이러한 꽃의 여신에 대한 신화는 이들 민족 뿐 아니라 인근에 사는 먀오족[苗族]이나 둥족[侗族]에게도 '화림조파(花林祖婆)'라는 이름으로 전승되고 있어서 이 신화가 비단 쫭족 뿐 아니라 화남지역에 거주하는 소수민족들 사이에 폭넓게 전승되고 있음을 알 수 있다.

사진 6. 화림선관 가면(아랫 줄 중간)

사진 7. 광시좡족자치구 쮜장(左江) 지역의 '화산' 절벽 그림

V. 꽃의 여신, 아기포대기로 이어지다

창세여신 무리우쟈(미뤄쟈)의 이름에 보이는 '무'는 '어머니'라는 뜻이다. 그런데 광시좡족자치구에 많이 거주하는 야오족에게도 창세의 여신이 있다. 그 여신의 이름은 '미뤄퉈[密洛陀]'인데 '미' 역시 어머니라는 뜻이다. 이름은 약간 다르지만 모두가 최초의 어머니라는 의미를 담고 있다. 미뤄퉈가 태어나는 장면 역시 장엄하기 이를 데 없다.

> 그 혼돈의 아득한 고대/ 그 거친 시절
> 하늘과 땅은 검게 엉켜 있었고
> 우주에는 한 줄기 빛도 보이지 않았네……
> 하늘과 땅은 한 덩어리였고
> 우주도 큰 덩어리로 엉켜 있었네……
> 그 어두운 세계에서/ 그 혼돈의 세월에
> 음풍(陰風)이 한 해 또 한 해 불어오고
> 양풍(陽風)이 한 해 또 한 해 불어왔네
> 갑자기 꽈르릉 소리가 나더니/ 사방이 뒤집어졌네
> 우주에 큰 검은 구멍 뚫리고/ 우주가 갈라져 하늘이 생겼네
> 깊은 심연 끝을 알 수 없고/ 깊은 동굴에 회오리바람 불어오네……
> 회오리바람이 한 줄기 큰 무지개 일으키고

> 큰 파도가 금룡을 말아 올리네
> 금룡이 큰 무지개 보호하고/ 무지개는 금룡을 따라
> 회오리바람 속에서 800년을 춤추네
> 파도 따라 800년을 흐르다가/ 세상의 첫 번째 어머니가 되었네
> 세상의 첫 번째 신이 되었지
> 이 시조모가 바로 미뤄튀/ 이 신이 바로 미뤄튀
>
> (『密洛陀古歌』 2006)

미뤄튀는 야오족 생명의 근원이다. 이렇게 태어난 미뤄튀는 오랜 시간 동안 인간을 만들기 위해 노력했다. 수없는 실패를 겪었지만 미뤄튀는 절대 좌절하지 않았다. 미뤄튀는 처음에 붉은 돌을 재료로 인간을 만들었지만 다 만들고 나서 보니 그것은 인간이 아니라 귀신이었다. 다른 신들이 진흙을 빚어 인간을 만든 이야기가 많지만, 미뤄튀가 진흙으로 만든 것은 항아리였다. 분명히 사람을 만든다고 생각하고 빚었는데 만들어진 것은 항아리였던 것이다. 파초와 옥수수 잎을 사용했더니 메뚜기가 되어버렸고, 구리를 갖고 만들었더니 사람도 귀신도 아닌 것이 나왔다. 그런가하면 찹쌀밥으로 만든 것은 향기로운 술이 되어 버렸다. 이런 실패 끝에 마침내 미뤄튀는 밀랍을 사용하여 인간을 만드는데 성공한다. 그런 고생 끝에 만들어낸 아기들을 세상에 내보낼 때, 아기는 꽃으로 비유된다. 미뤄튀가 만든 아기가 태어날 때 아기를 받아주는 여신이 이렇게 노래한다.

> 우리 아기 착하기도 하지
> 착한 아기 잘 나오너라
> 우리 아기 온 산에 핀 꽃의 자손
> 우리 아기 온갖 꽃의 꽃가루가 만들었지
> 아기를 키우는 항아리에서 자라나서
> 어머니 몸을 통해 나오는구나
> 내가 너를 데리고 다리를 건너마
> 그곳에 가서 다시 번성해라

사진 8. 광시좡족자치구박물관에 전시된 아기도대기

사진 9. 수이족[水族]의 아기포대기 문양

나무들은 비옥한 땅이 있어야 자라고
꽃들은 나무가 있어야 피어나지
너는 꽃의후손
너는 열매들의 후손

좡족에게 전승되는 「꽃의 여신을 받아들이는 노래[接花王歌]」에서는 이렇게 노래한다.

꽃이여, 꽃이 하늘에서 내려오네
우리 집에 돈도 쌀도 다 있으니
우리 집으로 오세요, 꽃이여
꽃이여, 수세미 울타리에 자라나기를
송이송이 방글방글 웃으며, 이제 집이 있으니
꽃이여, 수세미 울타리에 자라나기를
하얀 꽃(여자아이)이 아니라 붉은 꽃(남자아이)[6]를…

그러면 꽃의 여신은 아이를 원하는 사람에게 이렇게 노래한다.

---

[6] 꽃의 여신이 보내는 꽃이 붉은 꽃이면 여자 아이, 하얀 꽃이면 남자 아이라는 이야기가 대부분이지만 판본에 따라서는 그것이 바뀌는 경우도 있다.

사진 10. 광시좡족자치구박물관에 전시된 좡족의 아기포대기

사진 11. 아기포대기에 수놓아진 꽃들

> 나는 꽃의 여신, 꽃을 뿌리네
> 가져가는 사람 자손이 흥할 거야
> 꽃을 받으면 아녀자는 기뻐하지
> 내년에 통통한 아기를 낳을 수 있으니
> 나는 화산의 꽃 여신
> 꽃의 여신 자상하기도 하지
> 누구든지 내게 꽃 가지러 오면
> 자손만대 흥성하게 해줄 것이니…

좡족의 아기포대기에 수놓아진 화려한 꽃들은 바로 꽃에서 태어난 무리우쟈의 상징물이다. 찬란한 꽃들이 가득 수놓아진 아기 포대기는 아기의 영혼을 보호해준다고 그들은 믿었다. 야오족 역시 마찬가지이다. 아기 포대기에는 아기의 영혼이 들어있을 뿐 아니라 또한 창세여신 미뤄튀의 가호가 깃든다. 그래서 딸을 시집보낸 야오족의 어머니는 외손이 태어나기를 기다리며 정성껏 아기 포대기를 준비한다. 그러다가 외손이 태어났다는 소식이 들려오면 좋은 날을 택해 정성껏 수놓은 아기 포대기와 다른 선물들을 가지고 외손에게 주러 간다. 그 외손이 아들이든 딸이든 상관없다. 목청 좋은 여가수를 앞세워 딸의 집으로 가는 것이다. 그러면 시댁에서도 남자 가수를 문 앞에 세워두고 다른 젊은이들과 함께 노래로 맞이한다.

- 여가수 : 은별[銀星]이 땅으로 내려왔으니/ 축하해요
- 남가수 : 금을 줍게 해주셨으니 하늘에게 감사드리고/ 은을 줍게 해주셨으
　　　　　니 땅에게 감사드려요
- 여가수 : 태양의 금빛이 우리에게 포대기의 앞면을/ 달의 은빛이 우리에게
　　　　　포대기의 뒷면을 만들게 해주었어요/ 첫 번째 포대기를 잊으면/
　　　　　인류의 번영도 없지요

여기 나오는 '첫 번째 포대기'는 바로 '미뤄퉈가 전한 것'을 의미한다. 미뤄퉈가 전한 도리를 잊지 말고 살아야 야오족이 대대손손 번영할 것이라는 뜻이다. 미뤄퉈가 전한 아기 포대기는 어머니에게서 딸에게로, 다시 그의 딸에게로 영원히 전승된다. 어쩌면 아기 포대기는 대를 이어 영원한 생명을 전한다는 의미에서 끊어지지 않는 생명의 끈, 탯줄을 의미하는 것으로 볼 수도 있다.

참고문헌

김선자, 『중국 소수민족 신화기행』, 안티쿠스, 2009.
邵志忠, 「壯族神話文化建構初探」 『廣西民族研究』, 1994.
黃勇刹, 『女神歌仙英雄』, 廣西民族出版社, 1992.
韋秋桐·譚亞洲, 『毛南族神話研究』, 廣西人民出版社, 1994.
『密洛陀古歌』, 廣西民族出版社, 2006.

이집트의 창조 신화

정규영 조선대학교 아랍어학과 교수

▲ 고대 이집트 호루스 신

이집트의 창조 신화

Ⅰ. 헬리오폴리스의 창조신화

고대 이집트에서는 시대와 지역에 따라 여러 가지 창조신화들이 발전했다. 그 중에서 가장 널리 알려진 신화가 오늘날 카이로 근교 북동쪽에 위치해 있는 헬리오폴리스의 신화이다. 성경의 창세기에 따르면 이집트의 파라오가 성실하고 일 잘하는 요셉에게 상을 내려 온(On)의 신관 딸과 결혼시킨다. 헬리오폴리스는 성경의 온 지방이며 고대 이집트어로 안누(Annu)라고 불렸는데 그리스인들이 나중에 헬리오폴리스 즉 '태양의 도시'라고 불렀다. 헬리오폴리스라는 이름에서도 알 수 있듯이 이곳은 태양신 라와 밀접한 관계가 있는 곳이었다. 고대에 이곳에는 태양신을 위한 신전과 학교와 도서관이 있었다. 전설에 따르면 그리스 철학자 솔론, 탈레스, 플라톤이 이곳을 방문한 적이 있고 실제로 플라톤은 여기에서 공부하기도 했다.

헬리오폴리스의 신화에 따르면 무질서와 어둠 속에서 최초의 신들이 태어나 우주의 질서를 바로잡았다고 한다. 유대인들이나 그리스인의 신화 등 세계의 다른 신화에도 이와 비슷한 내용이 있어서 흥미롭다. 어쨌든 이집트 신화에서 최초의 세상은 눈(Nun)이라고 불리는 캄캄하고 무질서한 물의 상태였다. 그런데 그 물속에 태양 신 라가 스스로 존재했고 어느 날 몸을 일으켜 언덕 위로 솟아올랐다. 태양신이 태어난 순간

세상에는 아직 하늘도 땅도 어떤 동식물도 존재하지 않았다. 캄캄한 암흑 속에 혼자 있을 동안 라는 남성과 여성에 입각한 창조 원칙을 생각해 두었다.

눈에서 스스로 태어난 태양신 라는 자위를 하여 쌍둥이 슈와 테프누트를 만들었다. 라가 자녀를 낳은 방법은 기이하게 보인다. 자위를 한 후 침을 뱉어서 자녀를 낳았기 때문이다. 좌우지간 밖으로 나온 슈는 공기의 신이 되고 테프누트는 습기의 신이 되었다. 쌍둥이를 낳은 라가 기쁨의 눈물을 흘리니 떨어진 눈물방울들이 각각 남자와 여자 인간이 되었다. 인간은 이렇게 탄생된다.

슈(남)와 테프누트(여)는 결혼하여 게브(남)와 누트(여)를 낳는다. 고대 이집트 왕가에서 수 천년 동안 이어진 남매결혼의 전통이 여기에서 시작된다. 스스로를 신이라고 주장했던 파라오들이 신들의 결혼전통을 따르는 것은 당연했을 것이다. 어쨌든 게브와 누트는 태어났을 때부터 몸이 딱 붙은 채였다. 아버지인 공기 신 슈가 보니 그 모양이 좋지 않았으므로(일설에 의하면 할아버지 신, 라가 누트를 사랑하여) 둘 사이에 들어가 게브를 발로 밟고 누트를 들어 올리니 게브는 땅이 되었고 누트는 하늘이 되었다. 그러나 이 일을 어쩔꼬. 누트는 이미 임신한 상태였다. 게브와 누트 사이에서 다시 4명의 자녀가 태어나니 오시리스, 이시스, 세트, 네프티스 신이다. 이상이 헬리오폴리스 신화를 간단히 설명한 것인데 헬리오폴리스 주민들은 태양신 라와 그 후에 태어난 신들을 포함, 전부 9명의 신을 헬리오폴리스의 9신이라고 부르며 함께 숭배했다.

헬리오폴리스의 9신 가운데 가장 높은 신인 라신은 보통 머리 위에 태양을 상징하는 원이 그려져 있다. 라가 가끔 매의 머리를 가진 남자의 모습으로 그려질 때도 있는데 이때의 모습은 호루스 신의 모습과 비슷하다. 하지만 같은 매의 머리이지만 호루스 신은 머리에 왕관을 쓰고 있는 데 반해, 라 신의 머리 위에는 태양을 상징하는 원이 그려져 있고 그 원을 코브라가 둥글게 감싸고 있는 차이점을 알 수 있다. 다시 말해 코

Byblos
Mediterranean Sea
Busiris
Bubastis
Heliopolis
Abu Gurob
Sakkara
Memphis/Hikaptah
FAYUM
Minia
Ashmunein/Hermopolis
Tuna el-Gebel
Tell el-Amarna
Assiut
Panopolis
Abydos
Der dera
Koptos
Luxor/Thebes
Hermonthis
Edfu
Red
Sea
Kom Ombo
Aswan
Philae
NUBIA
Abu Simbel
Lake Nasser

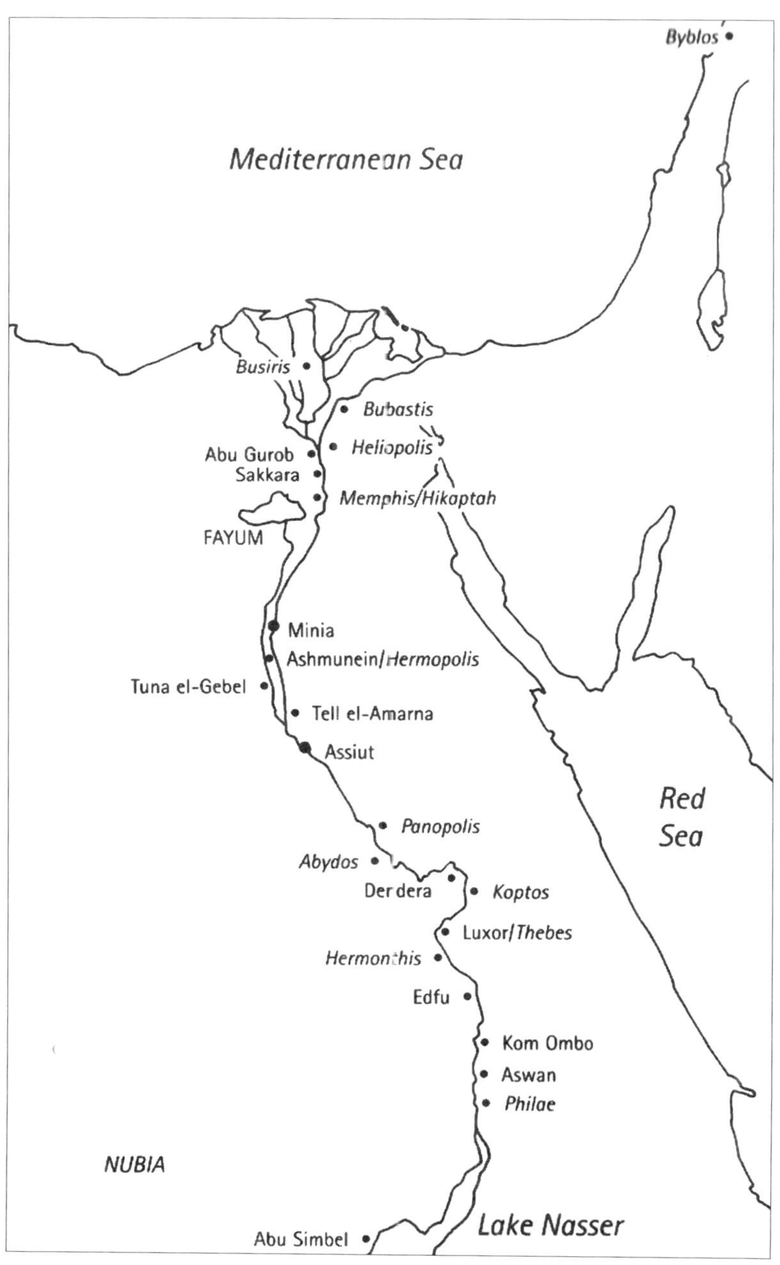

지도 1. 고대 이집트

브라가 있느냐 없느냐의 차이로 구별할 수 있다. 라는 한 손에는 왕권을
상징하는 홀을 다른 한 손에는 영생을 상징하는 앙크를 쥐고 있다.

　고대 이집트인들에게 태양 신은 하나가 아니라 여럿이었다. 한낮에
가장 강렬할 때의 태양이 라 신이며 아침에 떠오르는 태양은 케프리 신,
저녁에 지는 태양은 아텐(혹은 아툼) 신이라고 불렀다. 밤사이에 없어졌
다가 나온 아침 태양 케프리 신은 이집트인들이 보기에 장수풍뎅이와
비슷했다. 장수풍뎅이는 똥에 알을 낳은 후 그 똥을 둥그렇게 말아 공처
럼 만든다. 얼마 후에 그 공 안에서 새끼 장수풍뎅이가 나오는데 둥근
모양에서 새 생명이 태어나듯이 둥근 태양도 창조의 힘이 있다고 보았
다. 그래서 이집트인들은 케프리 신을 그림으로 그릴 때는 남자의 몸에
머리는 장수풍뎅이로 그렸다. 고대 이집트인들의 장례풍습 중에 부활
을 기원하며 미라와 함께 장수풍뎅이 조각 즉 스카라베(scarab)를 넣어
주는 풍습이 여기에서 유래한 것으로 보인다. 한편 지는 태양 아텐 신은
동물의 머리가 아닌 완전한 인간의 모습으로 그려진다.

그림 1. ① 땅 신 게브, ② 하늘여신 누트와 땅 신 게브, ③ 태양신 라(레)

라가 침을 뱉어 낳은 공기 신 슈는 보통 머리에 타조 깃털을 쓰고 있으며 완전한 인간의 모습으로 그려진다. 여동생이자 아내인 테프누트 여신은 암사자나 암사자의 머리를 가진 여자로 그려진다. 그녀의 머리 위에는 달을 상징하는 원과 그 원을 둥글게 감싸고 있는 코브라가 있다. 땅 신 게브는 보통 머리 위에 거위 한 마리가 올려져 있는 남자나 상이집트의 흰색 왕관을 쓴 남자의 모습이다. 누트 여신은 거의 언제나 아름답고 균형잡힌 몸매를 가진 여자의 모습으로 그려지는데 머리 위에는 물 항아리를 이고 있으며 특이하게 대부분 나체이다.

II. 오시리스와 이시스 이야기

게브와 누트 사이에서 태어난 오시리스는 라 신을 제외하면 이집트의 신들 가운데 가장 유명한 신이다. 최초로 미라로 만들어지기도 한 오시리스는 언제나 미라의 모습으로 나타난다. 턱수염을 착용하고 있고 가슴 위에서 교차된 손에는 왕권과 권능을 상징하는 홀과 도리깨기 쥐어져 있다. 머리에는 새의 깃털 2개로 장식한 흰색 왕관을 쓰고 있는데 이 왕관을 아테프 왕관이라고 부른다. 오시리스는 보통 미라를 상징하는 하얀색, 죽음을 상징하는 검은 색, 부활을 상징하는 초록색으로 그려진다.

오시리스의 여동생이며 아내이기도 한 이시스는 어머니의 사랑과 아내의 정숙함을 상징한다. 이시스는 보통 날씬하고 아름다운 여자의 모습이며 머리에는 독수리가 날아가는 모양의 모자를 쓰고 있을 때도 있다. 가끔은 황소 뿔 사이에 태양이 그려져 있는 하토르 여신의 모습이나 그냥 왕관을 쓴 모습으로 나타나기도 한다. 이시스 여신의 대표적인 모습 중 하나는 어린 아들 호루스에게 젖을 먹이는 이시스이다. 그녀의 이런 모습은 성모 마리아의 모습과 흡사하여 이집트의 기독교 전파에 도

사진 1과 그림 2. ① 오시리스 신, ② 이시스 여신, ③ 호루스 신

움이 되었다.

형 오시리스를 죽이고 누이 이시스를 박해한 세트는 주로 이집트 남부에서 숭배되었다. 세트의 모습은 보통 동물의 머리를 가진 남자이다. 코는 노새나 낙타의 코이며 엉덩이에 끝이 두 갈래로 나뉜 꼬리가 달려 있다. 그 모양이 너무 괴상하여 어떤 사람들은 하마, 악어, 돼지, 노새, 물고기, 뱀이 결합한 모습이라고 말하기도 한다. 세트의 아내이자 여동생인 네프티스는 언제나 언니인 이시스를 위로하는 모습으로 나타난다. 그녀의 머리 위에는 의자와 접시가 결합한 모양이 그려져 있다.

Ⅲ. 태양신의 여행

태양신이 주로 하는 일은 하루도 빠지지 않고 하늘을 가로 지르는 여행을 하면서 지상 위에 살고 있는 인간들에게 밝은 빛과 따뜻한 기운을 주는 것이었다. 고대 이집트인들은 태양이 불덩어리라고 생각했으므로 태양이 꺼지지 않고 물속에 있다가 물 위로 떠오르는 것을 이해하기 힘들었을 것이다. 아마도 그래서 생각해낸 것이 태양신은 배를 타고 눈의 바다에 떠 있다가 낮 동안에는 하늘 강을 따라 항해한다는 것이었다.

태양신이 타고 다니는 배는 2가지 종류였다. 하나는 주로 아침에 타는 마테트라고 하는 배였고 다른 하나는 주로 밤에 타는 셈케트라는 배였다. 이 여행 중에는 태양신의 여러 모습 즉 케프리, 라, 아텐이 배 중앙에 앉고 호루스가 키를 잡고 운전했다. 지혜의 신 토트와 정의와 진리의 신 마트는 호루스 옆에 앉아 매일 배의 항로를 기록하고 앞으로 갈 길을 상의했다. 신화 속의 물고기 압투와 안트는 드넓은 대양으로 태양선을 인도한다.

파라오는 죽으면 태양신의 비서로서 태양선의 승무원이 된다. 고대 이집트에서 파라오가 죽으면 그의 무덤에 여러 개의 모형 배를 함께 넣어주는 데 이 풍습은 신화와 관련이 있다. 예를 들어, 1954년 기자의 대 피라미드 남쪽 사면 앞에서 커다란 태양선 무덤이 여러 개 발견되었는데 가장 큰 배의 길이는 무려 40미터에 달했다. 죽은 파라오는 태양선의 뱃머리에서 주로 라의 상자들을 열고 봉해진 명령서를 뜯고 메시지를 전달하고 그 밖에 라가 시키는 일들을 한다. 또 낮 동안에는 라의 시원한 물 항아리를 지킬 책임이 있었다.

밤이 되면 태양선은 지하세계를 흐르는 강을 따라 여행해야 했다. 한 치 앞을 볼 수 없는 어둠 속에서 태양선은 적들의 공격을 받는다. 태양선에는 태양신을 비롯하여 강력하고 현명한 다른 신들이 타고 있지만 적들은 태양선의 가장 취약한 부분을 찾아 부수려고 한다. 태양신의 적들 가운데 가장 위험한 적은 사악한 뱀 아포피스였다. 만약 아포피스가 승리한다면 세상은 어둠에 파묻히게 될 것이기 때문에 그의 태양선 공격은 세상에 대한 공격과 같았다. 아포피스는 교활할 뿐만 아니라 태양신과 다른 신들을 속이기 위해 여러 가지 이름을 가지고 있다. 하지만 태양신 라는 밤의 전쟁을 이기고 어둠을 뚫고 안전하게 떠올라 세상을 밝게 비춰준다.

IV. 다른 지역의 창조 신화

이집트의 다른 지방에서는 다른 신화가 발전했다. 헬리오폴리스 신화를 제외한 다른 지역의 신화로는 멤피스의 프타 신, 테베의 아문 신, 엘리펜타인의 크눔 신이 유명하다.

멤피스 지방의 주민들은 프타 신이 그의 학식과 말로써 세상을 창조했다고 믿었다. 멤피스는 카이로에서 남쪽으로 약 20킬로미터 떨어져 있으며 나일 강이 두 갈래로 갈라져 지중해로 흘러들어가는 입구이다. 프타 신은 대머리이며 턱수염을 가진 인간으로 주로 묘사된다. 마치 미라를 생각나게 하듯 꽉 끼는 옷을 입고 있다. 손에 들고 있는 긴 홀은 영생을 상징하는 십자가 모양의 앙크, 영속성을 상징하는 제드 기둥, 정력을 상징하는 긴 막대기 홀의 세 부분으로 되어 있다.

테베는 카이로 남쪽으로 약 700킬로미터 떨어져 있다. 테베의 주민들은 아문 신이 우주를 창조한 태양신과 같은 신이라고 생각하여 아문-라 신이라고도 불렀다. 아문 신은 다른 신들에 비해 비교적 늦게 신왕국 시대에 떠오른 신이다. 신왕국을 건설할 때 이 아문신의 도움을 받아 힉소스 족이라는 외국인들을 몰아냈기 때문에 이때부터 높이 숭배되었다. 아문 신은 보통 구부러진 뿔을 가진 숫양이나 숫양의 수염을 가진 남자, 또는 새의 깃털 2개로 장식된 모자를 쓴 남자로 묘사된다.

룩소르에서 남쪽으로 약 230킬로미터 내려간 아스완의 엘리펜타인 섬에서는 크눔 신을 숭배했다. '엘리펜타인'은 코끼리란 의미처럼 섬이 코끼리처럼 생겼다고 한다. 이곳에서 숭배한 크눔 신은 나일강의 도자기를 만들 듯이 진흙과 물레를 이용하여 세상 만물을 창조했다. 크눔 신은 숫양의 머리를 가진 인간의 모습으로 묘사된다.

Ⅴ. 영생을 얻기 위해 미라가 되다

고대 이집트인들은 모든 인간에게는 육체가 있으며 그 외에도 보이지는 않지만 바(Ba)라고 부르는 영혼과 카(Ka)라고 부르는 다른 닮은 꼴 육체가 있다고 믿었다. 인간이 죽으면 그의 바는 지상에 계속 남아 있는 반면, 카는 이 세상과 저 세상 사이를 오고 간다. 인간이 영원히 살려면 바와 카가 언제나 그 육체를 알아보고 몸 안에 들어올 수 있어야 했다. 그래서 이집트인들이 시신이 썩지 않도록 고안해 낸 방법이 미라제조였다.

그리스 역사학자 헤로도토스에 다르면 미라를 만드는 데는 70일이 걸렸다. 먼저 시신을 약 40일 동안 천연소금에 담가둠으로서 몸 안의 모든 수분을 다 빼낸다. 나머지 15일 동안에는 수술을 통해 위, 창자, 간, 폐를 제거한 후, 부위 별로 작은 항아리 4개에 넣어 보관했다. 이 작은 항아리를 카노푸스(Canopus) 항아리라고 부른다. 이집트인들은 뇌가 특별한 기능을 한다고 생각하지 않았으므로 코 구멍을 통해 날카로운 수술용 갈고리를 집어넣어 꺼낸 다음 그냥 버렸다. 수술이 끝나면 신체의 모양을 유지하기 위해 속이 빈 몸속에 향기로운 천 조각을 집어 넣었다.

마지막으로 남은 절차는 시신을 흰색 린넨 천으로 7번 감는 작업이었다. 신관들은 천을 감는 동안 주문을 외웠으며 행운을 비는 여러 가지 모양의 부적들을 천과 천 사이에 끼워 넣었는데 장수풍뎅이 모양을 한 스카라베도 여기에 포함된다. 예를 들어, 스카라베는 부활을 기원하는 부적이고, 십자가 모양을 한 앙크(Ankh)는 영생을 상징하는 부적이었다. 이 밖에 작은 눈처럼 생긴 부적드 있었다.

미라가 완성되면 장례식이 시작된다. 장례식은 배를 타고 나일 강 서쪽으로 건너가 거행했는데 그것은 이집트인들이 서쪽을 죽은 자의 세계라고 믿었기 때문이다. 미라의 관은 배 모양을 한 썰매 위에 올려놓고 배에 밧줄을 여러 개 연결하여 사람들이 끌었다. 배 뒤에는 내장을 보관한 카노푸스 항아리를 든 사람이 따르고 그 뒤로 곡식, 빵, 항아리, 의장,

사진 2. 미라의 내장보관 항아리

서랍 장, 우샵티 등을 든 사람들이 따랐다. 우샵티(Ushabti)는 작은 인형이며 죽은 사람의 시중을 드는 일을 한다. 다른 이름으로는 샤왑티(Shawabti)라고도 한다.

완성된 피라미드에 미라를 매장하기 전에 행하는 가장 중요한 의식은 미라의 입열기 의식이었다. 한 신관이 관을 세운 후 주문을 외우면서 미라의 입과 눈과 귀를 만지는 동작을 하는데 이렇게 함으로써 죽은 사람이 다시 보고 듣고 말할 수 있다고 믿었다. 미라의 입열기 의식을 마친 후 관을 피라미드 내부의 현실에 넣고 입구를 바위들로 막으면 장례식은 끝났다.

다시 마을로 돌아온 사람들은 큰 잔치를 열고 흥겹고 먹고 마시며 노래했다. 장례식을 규범에 따라 부활할 수 있도록 잘 마쳤고 무덤의 입구도 잘 막아 놓았으므로 죽은 자에게는 영원한 휴식이 있을 것이라고 생각했다. 하지만 그들이 아무도 침범하지 못할 것이라고 생각했던 무덤은 철저히 유린되었다. 무덤의 보물들을 노리는 도둑들이 몰래 무덤을 열고 들어가 값비싼 물건을 훔쳐가는 일이 많았던 것이다. 그보다 더 심한 경우는 미라의 저주를 피하기 위해 미라를 훼손시키는 일이었다. 실제로 이집트의 피라미드에서 미라가 발견된 경우는 없다.

VI. 부활의 길은 험난하다

고대 이집트 사람들은 내세를 믿었고 죽은 뒤의 삶도 현세에서의 삶과 다르지 않다고 생각했다. 하지만 죽은 사람은 부활하기가 힘들었을 뿐아니라 심지어 저승세계로 들어가는 여행조차 매우 힘들었다. 이집트 사람들이 두아트라고 부른 지하세계는 오시리스 신이 다스리는 땅 아래에 있으며 밤의 12시간 동안 태양이 서쪽에서 동쪽으로 여행할 때 통과하는 지역이다. 두아트는 보통 밤의 12시간을 상징하는 거대한 문들과 동굴들로 그려져 있는데 각 시간을 통과하기 위해서는 사악한 뱀 아포피스와 다른 많은 위험을 무사히 극복해야 했다. 파라오든 농민이든 죽으면 모두 예외없이 두아트를 통과하여 최후의 심판을 거쳐야만 부활할 수 있었다.

이집트 사람들은 죽은 사람이 안전하게 두아트 여행을 마치고 저승에 도착할 수 있도록 도와주는 주문과 노래를 지었다. 그 내용을 기록한 책들은 여러 권이지만 가장 중요한 책이 바로 '사자의 서' 이다. 고대 이집트인들은 이 책을 '빛으로 나가기 위한 책' 이라고 불렀다. 주문과 노래로 구성된 이 사자의 서의 분량은 초기에는 몇 구절 되지 않았으나 세월이 지나면서 200개 이상의 주문을 담은 긴 책이 된다. 살아있을 적에 누구든지 능력이 있는 이집트인들은 이 비서를 구입할 수 있었으며 많은 이집트인들이 이 비서를 구입하여 자신이 죽은 후에는 미라와 함께 관 안에 넣길 희망했다. 무덤의 벽과 천장을 사자의 서의 내용으로 꾸미는 것도 보통이었다.

무사히 두아트를 통과한 사람은 최후의 심판을 받게 된다. 최후의 심판은 죽은 사람이 미라의 신 아누비스의 안내를 받아 지하법정에 도착한 후 저울 앞에서 심장의 무게를 재는 시험이다. 이 심판을 주관하는 신은 지혜의 신 토트 신이다. 토트 신이 보는 가운데 저울의 한 쪽에 정의의 깃털을 올려놓고 다른 한 쪽에는 죽은 사람의 심장을 올려놓는다.

만약 죽은 사람이 착하게 살았다면 심장은 깃털보다 가벼울 것이고 그렇게 되면 오시리스가 다스리는 저승세계에 들어갈 수 있다. 심장이 깃털보다 더 무거워 아래로 내려간다면 옆에서 지켜보고 있던 무시무시한 괴물이 그 심장을 삼켜버리고 저승세계로 들어갈 수 없게 된다.

VII. 남아 있는 이집트의 신전 유적지

고대 이집트인들은 사람들이 집에서 살 듯이 천상의 신들이 지상에서 살기 위해서는 신전이 있어야 한다고 믿었다. 이집트에 있는 많은 신전들은 그 지방에서 숭배된 신(혹은 여신)을 위해 건설하였고 사제와 파라오가 이곳에서 신을 숭배하는 의식을 거행했다.

신왕국 시대에 건설된 신전들은 6개의 부분 즉 탑문, 안뜰, 열주식 홀, 두 번째 홀, 성소, 성호를 가지고 있다. 탑문은 신전으로 들어가는 정문이다. 성채처럼 높고 웅장한 담을 가지고 있다. 탑문의 벽에는 파라오와 여러 신들의 모습이 음각이나 양각으로 새겨진다. 그리고 파라오의 무공을 뽐내듯이 마차를 타고 전투를 하거나 철봉으로 적들을 내려치는 장면들이 새겨져 있다. 탑문 정면에는 오벨리스크가 세워져 있는 것이 보통이다. 오벨리스크는 태양신의 상징이며 언제나 쌍으로 세워진다.

안뜰은 탑문을 지나면 나오는 지붕이 없는 노천의 넓은 뜰이다. 사면의 벽에는 파라오의 전투장면이나 신들에게 공물을 바치는 장면들이 새겨져 있다. 일반인들은 특별한 축제 기간 중에만 이곳에 들어올 수 있으며 평소 때는 입장할 수 없다.

열주식 홀은 수많은 기둥과 기둥위에 천장이 있는 홀이다. 천장을 통해 빛을 받아들이는 중앙 통로를 제외하면 전부 어두운 것이 특징이다. 열주식 홀은 태초의 갈대숲을 상징하므로 햇빛을 받는 중앙 통로 부분의 기둥들은 활짝 꽃이 핀 파피루스 모양이며 안쪽 어두운 곳의 기둥들은 봉오리가 닫힌 파피루스 풀 모양이다. 사면의 벽에는 종교적 의식 장면들이 새겨져 있다. 이 홀은 종교의식을 거행하는 장소이므로 신분이 높은 사제들과 파라오만이 들어올 수 있었다.

두 번째 홀도 많은 기둥들로 지탱된다. 이곳은 대사제와 파라오만이 들어올 수 있는 신성한 곳이었다. 사면의 벽에는 파라오, 신(여신)이 새겨져 있고 다채로운 색을 칠해 화려하게 보였다.

성소는 신전에서 가장 특별하고 가장 중요한 장소이다. 또한 신전에서 가장 신비롭고 가장 어두운 곳이기도 하다. 성소의 방 중앙에는 단 위에 신상이 모셔져 있다. 이곳에서 의식을 거행할 때 신이 그 조각상의 몸에 들어온다고 생각했다. 성소의 벽들에도 신들이 모습이 새겨져 있다.

성호는 신전 건물 옆에 있는 작은 호수이다. 성호는 창조 이전의 물의 상태를 상징한다. 사제들이 몸을 씻거나 의식을 거행할 때 필요한 물을 여기에서 길어 사용했다.

신전은 이집트 방방곡곡에 건설되었으나 그 중에서 가장 유명한 곳은 룩소르의 카르낙 신전과 룩소르 신전이다. 룩소르에 있는 신전들은 아문 신을 위해 건설되었다. 이 밖에 룩소르 남쪽 콤옴보에는 악어신 세베크를 위한 신전이 남아 있고 에드푸에는 호루스 신을 위한 거대한 신전이 남아 있다. 에드푸의 신전은 이집트의 신전 중 가장 원형을 잘 보존하고 있는 곳으로 유명하다. 에스나에는 물레로 세상을 창조한 크눔신의 신전이 있다. 룩소르 북쪽 덴데라에는 하토르 여신을 위해 건설한 신전이 남아 있으며 그 북쪽 아비도스에는 지하세계의 왕이 된 오시리스를 위해 건설한 신전이 있다.

갠지스 여신의 신화와 도상
- 은하수, 하늘에서 땅으로 흐른다 -

심재관 금강대학교 교수

▲ 갠지스강의 여신 강가, 델리국립박물관

갠지스 여신의 신화와 도상
- 은하수, 하늘에서 땅으로 흐른다 -

Ⅰ. 인도인들의 갠지스

갠지스(Gaṅgā)강은 인도인들에게 어머니와 같은 강이다. 강주변에
사는 이들은 매일 아침 일어나 강에 나와 기도를 드리고 강물에 목욕을

사진 1. 바라나시를 관통하는 갠지스강
　　바라나시는 전통적으로 쉬바신의 신앙이 깊은 곳이며, 이곳을 흐르는 갠지스 강은 쉬바
　의 도움으로 지상에 내려오게 된다는 신화가 전해진다.

한다. 멀리 떨어진 사람들은 이 강으로 순례를 하고 강물에 꽃다발을 바친다. 떠날 때는 강물을 떠가며, 그 물을 통해 자신들이 죄를 씻고 곧 축복받은 삶을 살아간다고 여긴다. 뿐만 아니라 비록 자신들이 멀리 떨어져 산다고 할지라도 자신들이 죽은 다음에는 한 줌 재가 되어 그 강에 뿌려지기를 간절히 소망한다. 마치 이 강의 품 속에서 태어나 살아가다가 다시 강 속으로 되돌아가기를 희망하는 자식들의 모습을 보는 것과 같다. 이런 의미에서 힌두인들이 갠지스 강을 '어머니 갠지스' (Gaṅgā Mātā)라고 부르는 것은 당연하게 보인다.

갠지스는 인도북부를 관통하는 지리상의 강의 이름에 불과하지만, 실제로 이 강은 그 이름을 훨씬 넘어서는 상징적인 의미가 있다. 인도에는 갠지스 강을 제외하고 수많은 강들이 있지만, 인도의 수많은 고전에 따르면 이 강들의 근원은 갠지스 강으로 그려지고 있다. 마치 인도 중남부의 고다바리(Godavari) 강을 갠지스 강의 일부로, 남인도에서 까베리(Kaveri) 강을 갠지스 강이라고 부르는 것도 이러한 맥락이다. 그 뿐만이 아니라 인도 이외의 지역에서도 자신들의 성스러운 강을 강가(갠지스)라고 부르는 경우도 갠지스 강의 상징적 대표성을 말해준다. 스리랑카의 뽈루나루바 강을 마하 강가라 부르는 것이 그러한 예이다. 인도를 대표하는 성스러운 일곱 개의 강, 갠지스(Gaṅgā), 야무나(Yamunā), 고다바리, 사라스바띠(Sarasvati), 나르마다(Narmadā), 신두(Sindhu), 까베리 등의 기원신화 속에는 모두 갠지스 강이 등장하며 갠지스 강과 그 기원이 닿아있다. 이것은 물론 지리적으로 사실이 아니지만 그만큼 모든 "강" 이 가지고 있는 성스러움의 의미가 근원적으로 갠지스로 귀결된다는 의미로 읽을 수 있다.

갠지스는 모든 물이 가지고 있는 성스러움의 원형(原型)이며 풍요로운 삶의 원천이다. 이러한 맥락에서 인도인들이 종교의식에서 사용되는 물을 정화하고자 할 때 갠지스의 물방울을 섞는다든가 또는 갠지스 강을 찬양하는 만트라를 읊는 것도 동일한 의미라고 볼 수 있다.

물론 지금의 북인도를 관통하는 현실 속의 갠지스는 더럽고 오염되었다. 생활폐수와 쓰레기로 인한 질병의 온상이기도 하다. 올해 인도정부는 50억달러를 투입해 갠지스강 정화사업에 착수하기로 하였다. 올해만의 시도가 아니다. 그렇지만 인도 사회의 문제점을 혹은 오염된 갠지스를 사회적 관점에서만 본다면 고대로부터 전해온 강에 대한 인도인들의 감성과 관습은 미신과 질병적 행동에 지나지 않을 것이다. 강에 대한 이들의 정서에 근접하고자 한다면 이들이 함께 살아온 강의 역사와 신화, 그리고 예술을 이해하고자 하는 노력이 전제되어야한다. 그러한 노력의 처음은 그들의 문화를 매우 천천히 읽어가는 것 뿐이다.

II. 갠지스 강의 하강(avataraṇa)신화

갠지스 강을 신들의 권좌 위에 올려놓았던 것은 물론 신화다. 특히 갠지스 강이 어떻게 인간세계에 내려오게 되었는가를 말하는 갠지스 강의 하강 신화는 갠지스 강이 왜 성스러운 강이며 인도인들이 지금까지 강물에 죄를 씻고 복된 삶을 희구하는지를 설명해준다. 물론 이 갠지스 강의 기원신화는 그 신화가 창작되기 이전까지 그러한 관습이 왜 존재했는지 설명해주는 인공신화일 수도 있다.

갠지스 강의 하강 신화는 여러 종류가 있지만 그 가운데에서 바기라타-강가(Bhagīratha-Gaṅgā) 신화가 가장 대표적이라고 할 수 있다. 이 신화는 바기라타라는 어떤 현자가 극심한 고행을 통해 하늘에 존재했던 갠지스 강을 지상에 내려오게 했고 그 강물에 자기 선조들의 영혼을 씻어 구원했다는 내용을 담고 있다. 이 신화의 내용 때문에, 갠지스 강 혹은 강가 여신을 '바기라티(Bhāgīrathī)' 라고 부르기도 한다. 이 신화는 대표적인 인도 고대 서사시인 『마하바라타(Mahābhārata)』, 「라마야나

Rāmāyaṇa」와 다양한 「뿌라나Purāṇa」 문헌들을 통해 전해지는데, 조금씩 그 내용을 달리한다. 다음은 『마하바라타』(3.104.1-3.108.15)와 『라마야나』(1.37.1-1.43.20)의 내용, 그리고 『브라흐마뿌라나(Brahma-purāṇa)』(78.1-78.77)의 내용을 필자가 부분적으로 채택, 합취(合聚)하여 재구성한 것이다.

아주 오랜 옛날, 사가라(Sagara)라는 왕이 있었다. 그에게는 두 명의 아릿따운 부인이 있었으나 불행히도 자신의 대를 이를 아이를 하나도 갖을 수 없었다. 그는 바시슈타(Vasiṣṭha) 성자(聖者)를 자신의 성으로 불러 자신에게 후세가 없는 이유를 물었다. 그는 그 왕에게 현자들을 공경하는데 특별히 신경을 쓰라는 충고를 남겼다.

그런 일이 있으지 얼마 안되어 사가라 왕에게 뜻밖의 고귀한 성자가 자신을 찾아온다. 사가라 왕은 융숭한 대접을 그에게 베풀었고 그 성자는 보답으로 왕의 소원을 물었다. 그는 당연히 자신의 대를 이을 아이가 필요하다고 말했다. 그 성자는 그 왕에게 축복을 내리길, 대를 이을 자식들이 곧 태어날 것인데 한 명의 부인에게서 6만 명의 아들이 태어나고 또다른 부인으로부터 한 명의 아들이 태어날 것이라 말한다. 그러나 그 한 명의 자식이 대를 이을 것이라고 전한다.

얼마 지나지 않아 정말 그의 부인들이 아이들을 낳기 시작했는데 그 성자가 말한 것과 똑같이 이루어졌다. 왕은 너무 기뻐서 마제(馬祭)를 지냈다.

[마제(馬祭)는 국가의 대사나 번영을 꾀하기 위한 대표적인 고대 인도의 왕권의례로서 말을 풀어놓고 수개월에서 1년간 그 말이 뛰노는대로 병사들이 뒤따르며 지켜야하는 과정이 포함되어 있다. 그 과정이 끝나면 말을 데리고 와서 본격적인 말희생제가 진행되는 것이다.]

그 제사가 진행되는 동안 사가라 왕은 희생제에 쓸 말을 들판에 풀어놓고 자신의 6만 명의 아들에게 그 말을 뒤따르며 말을 지키도록 했다.

아들들이 말을 뒤따르며 지키던 어느 때인가 심술궂은 인드라 신이 그 모습을 보고 짐짓 마귀의 모습으로 변장한 다음 말을 훔쳐가 버렸다. 아들들은 그 뒤를 쫓아갔으나 결국 찾지 못하고 망연자실할 수 밖에 없었다. 그 마귀는 환술(幻術)을 사용해 보이지 않았기 때문이다. 인드라가 말을 훔쳐 도망친 곳은 지하세계였다.

아들들은 신들이 사는 세계와 인간세계를 떠돌며 말을 찾기 위해 분주했으나 결코 찾을 수 없었고 그 소식을 들은 왕은 크게 당황하지 않을 수 없었다. 그 말이 없으면 희생제도 치를 수가 없기 때문이었다. 화가 난 왕은 아들들에게 그들이 잃어버린 말을 되찾아올 때까지는 다시는 왕궁으로 되돌아오지 말라고 말해버렸다. 다시 말을 찾기 위해 세계를 방황하던 아들들은 마침내 땅의 깊은 틈새를 발견하고 한없이 땅을 파고 내려가 보았다.

아들들이 지하세계 가까이 내려오는 것을 알아챈 마귀들은 서둘러서 지하세계의 다른 곳으로 말을 데리고 이동했다. 그 곳은 엉뚱하게도 카필라(Kapila)성자가 잠자고 있던 곳이었다. 카필라 성자는 본래 신들의 어려운 부탁을 받아서 밤낮으로 잠도 자지 않고 열심히 일을 했던 나머지 피로가 겹쳐 휴식이 필요했었다. 그래서 신들에게 특별히 부탁해 어떠한 방해도 받지않고 편히 쉴 수 있는 장소로 지하세계의 한 곳에서 잠을 자고 있었던 것이다. 그리고 자신의 잠을 방해하는 자가 나타나면 그 누구라도 불태워 재로 만들어버리겠다고 맹세했던 터였다. 그러니까 그 장소는 지하세계에서 그에게 배당된 특별한 공간이었다.

마귀들은 그러한 사실을 알고 있었고 카필라의 성격이 까칠하다는 것도 충분히 감지하고 있었다. 그래서 마귀들은 자신들이 손을 쓰지 않고도 사가라의 6만명의 자식들을 해치울 수 있는 계략으로 말을 그 쪽으로 옮겼던 것이다. 마귀들은 카필라 성자가 자고 있는 머리맡에 말을 매어놓고 숨어버렸다.

마침내 지하세계까지 말을 찾으러 내려온 사가라의 자식들은 카필라가 쉬고 있는 곳에서 말을 발견했다. 당연히 그들은 카필라가 도둑이라고 믿어 의심치 않았다. 사가라의 자식들 가운데 일부는 주의해야할 필요가 있다고 조심스러웠지만 대부분은 카필라가 도둑임을 확신하고 그를 죽이기 위해서 그를 두들겨패 깨워버렸다. 결과는 비참했다. 카필라는 그들을 보자마자 순식간에 불태워서 잿더미로 만들어버렸다.

이러한 사실을 아는지 모르는지 왕은 하염없이 아들들이 말을 데리고 오기만을 기다렸다. 그러나 고행자 나라다(Nārada)가 아들들의 비극적인 최후를 알려주기까지 무엇을 해야할지 아무것도 알 수 없었다. 그러나 그는 자신에게 아들이 한 명이 더 있다는 것을 생각했다. 그 아들의 이름은 아사만자(Asamañja)였는데 그는 이미 자식을 낳아 기르고 있었다. 그러나 아사만자는 나라의 어린 아이들을 강물에 던져서 죽이는 버릇이 있었는데, 이로 인해 백성들의 원성이 높아만 갔다. 사람들은 참다못해 사가라 왕을 찾아가 탄원하기에 이르렀고 사가라 왕은 대신을 시켜 곧장 왕국 밖으로 추방해버렸다. 이렇게 해서 자신에게 남아있는 아들은 아무도 없게 되었다.

사가라 왕의 곁에 남아있는 자신의 후손은 이제 아사만자가 남긴 손자 앙슈맛(Aṃśumat) 뿐이었다. 사가라 왕은 손자 앙슈맛을 불러 그간의 사정을 일러주었다. "나는 이제 네 아비도 추방해 버렸고, 그 전의 많은 자식들은 잿더미로 변하게 했단다. 게다가 제사는 아직 다 끝내지도 못했지. 이게 다 제사탓일지 모르니 지하세계로 가서 네가 제사에 쓸 말을 찾아와야겠구나." 이렇게 해서 손자 앙슈맛을 지하세계에 있는 카필라에게 보냈다.

앙슈맛은 카필라 성자에게 공손하게 인사했으며 거기서 앙슈맛은 카필라에게 그동안 있었던 사건의 전말을 전해들을 수 있었다. 사건의 전말을 들은 앙슈맛은 자신의 가족들의 무례함을 사과하고 부디 노여움을 풀어달라고 부탁했다. 사가라 자손에 대해 오해가 풀어진 카필라 성자는 천상의 강물이 땅 위로 흘러내려와 그 물로 정화 의식을 하면 재가

사진 2. 따밀라두의 마하발리뿌람에 있는 조각
　‘아르쥬나의 고행’ 혹은 ‘강가의 하강’, ‘바기라타의 고행’ 등의 이름으로 불린다. 세계문화유산의 하나로 대략 기원후 7~8세기 경에 조성된 것으로 본다. 단일 암석에 새긴 부조로 가장 큰 것이다. 길이 31미터, 높이 9미터로 대략 100여명의 인물과 동물이 조각되어 있다. 이 조각에 대한 해석은 두 가지로 갈라지는데 『마하바라따』에 그려진 것처럼 아르쥬나가 쉬바신으로부터 무기를 구하기 위해 고행을 하는 장면으로 해석하는 경우도 있고, 또 하나는 강가여신을 지상에 내여오게 하기 위해 바기라타가 고행을 하는 모습으로 해석하기도 한다.
아래쪽 상세부분의 그림에는 바기라타가 고행하는 모습(좌)과, 물을 상징하는 나가(뱀)이 하강하는 모습(우)이 보인다. 그러니, 나가 자체가 갠지스 강을 상징하는 것은 아니다. 나가가 조각된 두 바위의 골짜기를 주목할 필요가 있는데, 본래는 이 조각이 새겨진 바위 위에 물이 고이도록 되어 있어 그 골짜기로 흘러내리도록 고안된 것이었다. 현실의 자연 속에 신화를 재현해내고자 했던 것이다.

되어 저승을 떠돌고 있는 그의 가족들이 모두 구원을 받을 수 있을 것이라는 말을 들었다. 앙슈맛은 지하세계에서 말을 데리고 돌아와 마침내 말희생제를 끝마칠 수 있었다.

사가라 왕이 죽은 후 왕위에 오른 앙슈맛은 갠지스 강을 땅에 내려오게 하기 위해 오랫동안 고심했으나 뜻을 이루지 못하고 앙슈맛의 아들 중의 하나인 딜리파에게 가문의 책무를 물려주었다.

조상들의 영혼을 구제하기 위해서 딜리빠(Dilipa)는 쉼 없이 자신의 조상들에게 내려진 저주를 풀어 달라는 기도를 간절하게 올렸다. 그러나 그 기도가 부족했는지 다만 그의 아들이 그의 소원을 해결할 수 있으리란 대답만을 들을 수 있었다. 딜리빠에게는 후손이 있었는데 그의 아들이 바기라타(Bhāgiratha)였다. 딜리파 왕은 바로 다음 날 바기라타에게 왕위를 물려주고 남은 여생을 기도와 명상으로 보내기 위해 왕궁을 떠나 숲으로 들어가 버렸다. [고대 인도에서는 자신의 사회적 의무가 끝나면 숲과 산에 칩거하며 사회적 활동을 포기하고 남은 여생을 명상으로 마무리하는 단계가 있었다.]

몇 년이 지난 후 바기라타 왕은 식음을 전폐한 채 신심을 다해 브라흐마 신에게 기도했다. 그렇게 몇 년이 지나도 브라흐만 신은 응답을 주지 않았다.바기라타는 그의 할아버지가 그랬듯이 자신도 지하세계로 내려가 카필라를 다시 만났다. 카필라에게 들은 바, 바기라타가 히말라야에 있는 쉬바 신의 거주처 카일라사 산으로 올라가 기도를 하고 극단적인 고행을 계속하면 소원을 이루게 될 것이라고 답한다. 그의 기도와 고행으로 인해 지상세계로 하늘을 흐르는 갠지스 강물을 지상으로 내려오게 할 수 있다는 것이었다.

바기라타는 곧장 카일라사 산으로 들어가 혹독한 고행의 삶을 살기로 결정했다. 바리라타는 끝없이 쉬바 신을 위한 찬양과 기도로 나날을 보냈으며 수많은 종류의 고행으로 일생을 보냈다. 그러나 여전히 신의 대답은 없었다. 그러나 바기라타는 신이 응답을 주기 전까지는 절대로 명상을 포기하지 않겠다고 다짐했다. 한여름의 타는 듯한 더위와 한겨울의 추위에도 아랑곳하지 않고 비바람과 폭풍우를 이기며 기도를 바쳤다. 심지어는 가장 고통스럽다는 고행을 감행했는데, 한쪽 발을 들고 한쪽 발 끝으로 태양을 바라보며 일년동안 서 있는 고행을 지속했다. [이 모습은 위에 보이는 사진 2의 도판일부에서 찾아볼 수 있다.] 그러던 그 해의 어느 날, 마침내 쉬바 신이 그 앞에 나타났다. 그의 정성에 쉬바신은 찬사를 보내며 자신이 바기라타의 두 가지 소원을 들어주겠노라고 했다. 바기라타는 자기 조상들의 영혼이 떠돌고 있다는 것과 가문의 후손이 함께 걱정되었다.

"저의 가문이 많은 아들을 낳아 후손이 지속되도록 해 주십시오. 그리고 또하나 하늘나라에서 흐르고 있는 강물이 땅으로 내려와 제 조상들의 영혼을 적셔서 하늘 위로 올라가도록 해 주소서." 쉬바 신은 바기라타의 첫 번째 소원은 이루어질 것이라고 했

사진 3. 갠지스 강의 여신 강가, 델리국립박물관, 우따르 쁘라데쉬의 아히차뜨라(Ahicchattrā) 출토, 테라코타, 기원후 5세기 후반 혹은 6세기 초 굽타시대
강가여신의 전신에 물을 의미하듯 물결 무늬의 주름이 간 옷이 걸쳐져 있다. 다른 강가 여신의 신상과 달리 이 신상의 크기를 거의 사람의 크기로(1미터 70센티 가량) 조성한 것은 매우 주목할만하다. 또한 다른 강가 여신상과 달리 앞면을 향한 것이 아니라 거의 측면을 향해 돌아서 있는데, 맞은 편에 서있는 또다른 강의 여신 줌나(Jumna)와 마주 보고 서 있는 모양이 된다. 이 여신들이 신전 입구에 있다면 신전을 출입하는 이들에게 더 직접적인 인상을 주었을 것이다.
발밑에는 머리가 잘린 마까라가 보인다.

사진 4. 남인도 뗄루구 사본에 그려진 갠지스 하강신화
쉬바의 머리 위에 떨어진 갠지스 강물이 7개의 지류
로 변해 히말라야에서 세계로 퍼져나가고 있다. 그 앞
에는 바기라타 왕이 기원을 드리고 있다. 갠지스 강물
의 일곱 지류는 베다 시기때부터 존재하던 전설적인
일곱 개의 강을 반영한 것이고 현재까지 가장 성스러
운 강으로 남아있다.

으나, 두 번째 소원에 대해서는 조금 망설이는 듯했다. 그리고는 차분한 목소리로 설명했다.

"강물이 하늘에서 빠른 속도로 떨어져 내리면 땅이 갈라질 것이고, 심지어는 완전히 산산 조각나 버릴지도 모를 일이야." 쉬바 신은 우선 갠지스 강물이 하늘에서 빠른 속도로 떨어져 내리기 전에 가는 물줄기로 자신이 바꾸어주겠노라고 대답했다. 그런 이후에 쉬바는 갠지스 여신인 강가를 찾아가 그녀가 땅으로 내려와 줄 수 있겠느냐고 물었다. 갠지스 여신은 바기라타의 간절한 소원을 들은 이후에 흔쾌히 그의 요청에 응했다. 그리고 쉬바가 강가 여신이 내려올 때 세상이 파괴되지 않도록 받아주겠다는 말에 안심을 하게 되었다.

마침내 강가 여신의 물이 하늘에서 쏟아져내렸다. 그 어마어마한 광경을 천신과 귀신들이 모두 지켜보고 서 있었다. 하지만 하늘에서 엄청난 속도로 갠지스 강물이 쏟아졌지간 그 물들은 어쩐 일인지 잘 지상으로 쏟아지지 않았다. 그 이유는 쉬바의 상투머리에 갖혀서 지상으로 떨어지지 않는 것이었다. 상투머리에 강물이 갇힌 채로 온갖 물고기들과 상어떼들이 꼼짝 못하고 있었다. 이 광경을 보고 있던 바기라타는 저러다 자신의 소원이 이루어지지 않을까봐 조바심이 났다. 그래서 쉬바 신에게 상투 안에 가둔 갠지스 여신을 제발 풀어달라고 애원했다. 누구보다도 쉽게 인간의 소망을 들어주는 시바 신은 마침내 상투를 풀고 강물을 아래로 쏟아냈다.

하늘에서 떨어진 강가 여신은 마치 술취한 여인처럼 비틀거리고 소리를 질렀다. 지상으로 처음 내려온지라 자기가 어디로 가야할지 모른채 굉음을 내며 오르락거렸다. 강가 여신은 지상의 왕인 바기라타에게 소리쳤다. "왕이여, 내가 어디로 발걸음을 해야하는 거지? 이 곳은 인간세계이니 당신이 내가 어디로 발을 옮겨야하는 건지 나를 인도해주게." 이 말을 듣자마자 바기라타는 흥에 거워 걷기 시작했다.

천상에서 떨어지는 물줄기는 바기라타 왕이 소라 껍질을 불며 자리를 옮길 때마다 그 뒤를 따랐다. 백성들은 그 기적 같은 장면을 보기 위해 그 뒤를 따랐다. 바기라타는 자신의 조상들이 지하세계로 내려가기 위해 파내려갔던 땅들을 메꾸도록 하였다. 또한 지하세계에 있는 조상들의 재를 갠지스 강물로 적실 수 있었다. 그리고 언젠가 아가스티야 성자가 다 마셔버린 바닷물도 채울 수 있었다. 갠지스 강은 히말라야 산에서 시작해 바라타 대지의 평원을 적시고 동쪽바다를 향해 나아갔던 것이다. 이 모든 길을 바기라타가 안내해 주었다. 이로써 사가라 왕의 6만 명의 아들도 그들의 모든 죄를 닦아내 모두가 천국에 이르도록 하였다. 세상 사람들은 갠지스 여신에게 과일과 꽃을 바쳐 경배하고 그 강에 몸을 담가 자신이 살아가는 동안 지었던 죄를 반성하기 시작했다. 그때부터 사람들은 갠지스 강에 몸을 적시면 자신이 정화된다고 믿게 되었다.

Ⅲ. 갠지스 여신(Gaṇgā)의 조각

인도의 신상(神像)들을 볼 수 있는 곳은 고대의 힌두사원이 가장 좋다. 사원 내에는 여러개의 사당이 존재하며 각 건물의 내외 벽면과 기둥에 신화 속의 주인공과 그들의 영웅담이 조각되어 있다. 사원의 부위별로 일정한 신상이 배치되도록 고정되어 있는 것은 아니지만 주요 신들은 주로 사원벽면에 감실을 마련하여 조성되고 화면구성상 중앙에 위치한다. 눈높이를 기준으로 그리 높지 않은 곳에 조성되는 것이 보통이다. 그리고 크기도 다른 하위의 신들보다 월등히 크다. 하위의 신들도 그 기능과 역할에 따라 달리 배치되는 것이 보통인데, 하늘을 나는 천신들(예를 들면 압사라스 apsaras)은 작은 크기로 주신(主神)의 머리 위쪽에 배치된다. 반면 물의 여신들이나 지상의 동물들은 벽면이나 기둥 아래쪽 혹은 기단부에 배치되는 경우가 많다. 이것은 그 신이나 동물이 건물의 배치상 상징적 역할을 하도록 배려한 것일 수도 있다. 예를 들어 코끼리상은 기단부나 주초에 조각되어 마치 건물을 떠받치고 있는듯한 인상을 줄 때가 많다. 하지만 이마저도 일관성을 갖는 것은 아니다.

갠지스 여신, 또는 강가(Gaṇgā)여신의 조각을 가장 흔히 볼 수 있는 곳도 사원이다. 사원의 출입문 양쪽에서 대표적인 두 강 즉 갠지스와 야무나(Yamuna) 강의 여신인 강가와 줌나(Jumna)를 쉽게 찾아볼 수 있기 때문이다. 이 두 신은 거의 대부분 사원 성소의 출입문 아래쪽에 조각된다. 강의 여신들은 다른 주요신들에 비해 하위의 신격이기 때문에 비교적 신상의 크기가 작고 출입문의 장식적 효과를 위해 조성된 것처럼 보일 수 있다. 그렇지만 본질적으로 강의 여신들은 풍요와 번영의 상징이다.

석굴사원이나 독립사원의 출입문이나 또는 그 사원 내부 중심에 위치한 성소(聖所 Garbhagṛha)의 문틀 아래쪽에 이 여신들이 조각되는데 정면에서 볼 때 왼쪽에는 보통 강가 여신이 그리고 오른쪽에는 야무나

사진 5. 갠지스강의 여신 강가와 야무나강의 여신 줌나, 인도 캘커타박물관
　　　강가는 오른쪽에 야무나는 왼쪽에 위치하지만 이들의 위치가 고정된 것은 아니다. 줌나가 타고 있는 자라의 모습은 강가의 마까라보다 훨씬 단조롭게 표현되는 것이 일반적이다. 두 여신을 표현하고 있는 이 패널들은 사원의 입구에 서 있던 것들이다.

강의 여신 줌나 여신이 조각된다. 하지만 그 반대인 경우도 많이 있으므로 위치는 두 신을 갈라보는 정확한 기준은 되지 못한다. 이 두 여신의 구분은 이러한 좌우의 위치보다도 주로 그 여신들이 타고 다니는 신화적 동물들에 의해 구분된다. 만일 이 여신들이 타고 있는 동물의 조각이 파괴된 상태로 발견되었다면 그 여신이 강가인지 줌나인지를 확인하기 쉽지 않을 것이다.

강가 여신은 거의 예외없이 마까라(Makara)라고 불리는 변형동물을 타고있는 모습으로 조각된다. 마까라는 일종의 신화적인 수중동물인데 여러 동물의 몸의 일부들을 결합시킨 상상의 변형동물이다. 마까라는 악어의 이빨과 몸통, 코끼리의 코, 사자의 갈기와 귀, 물고기의 꼬리, 염소의 뿔을 결합시킨 형상을 하고 있는데, 이미 이 마까라는 베다 문헌

사진 6. 건축요소로 사용된 마까라, 베를린 인도예술박물관
일부가 파손되었는데 아마도 아치형 현관 등의 주춧돌로 사용되었던 것이 아닌가 추측
된다.

속에서 물의 신으로 등장하는 바루나(Varuna)가 타고 다녔던 것이다.
만일 마까라를 타고 있는 어떤 남성의 조각을 발견하게 된다면 이는 바
루나 신일 가능성이 크다. 이 마까라의 하반신이 조각될 때는 대체로 파
도와 물의 거품을 표현하는 것처럼 묘사되며 때때로 당초문에 가까운
현란한 곡선을 보여줄 때도 있다. 따라서, 모든 경우는 아니더라도, 이
러한 형상의 마까라를 밟고 서 있는 강가 여신은 마치 강물의 파도나 물
살 위에 살며시 떠다니며 움직이는 것처럼 표현된다.

물론 이 마까라가 사원건축에서 표현될 때 언제나 문틀의 아래쪽에서
강가 여신의 '탈 것'으로만 나타나는 것은 아니다. 현관 아치의 받침대
를 장식하거나 주초(柱礎)를 장식할 때, 또는 아치형태의 문틀에서 인방
의 양 끝부분에서도 찾아볼 수 있다. 가끔씩 사원 외벽에 달려 사원내부
의 물을 쏟아내는 수구(水口)를 장식할 때도 마까라를 사용하기도 한다.
하지만 어떤 건축적 요소가 되건, 마까라가 주로 아치의 양끝에서 나타
난다는 것을 기억하면 좋을 듯 싶다. 반면, 야무나 강의 여신 줌나

(Jumna)는 자라를 타고 나타난다.

이 두 명의 여신이 사원 건축물의 입구에 등장하는 경우, 좌우 양쪽에서 각자의 동물을 타고 나타나며 풍요나 다산을 상징하는 물병과 뱀, 연꽃 등을 몸에 지니는 경우가 많다. 이들이 입고있는 천의(天衣)나 활력 있게 구부러진 몸의 곡선 등도 이들이 가지고 있는 물의 이미지를 잘 표현하고 있다. 몸의 형태는 풍만한 가슴과 잘록한 허리에 가벼운 천의를 걸치는 모습으로 조각된다. 손에는 주로 물병을 들고 있는 경우가 많은데 물병 주둥이에 식물의 잎들이 조각되고 그 위에 코코넛이 덮힌 형태가 많다. 이 물병을 '뿌르나가타(pūrṇaghaṭa)' 라 부르는데 이는 고대 인도에서 나타나는 전형적인 풍요의 상징이다. 이러한 물병의 모습은 종종 사원내부의 기둥머리 장식에서도 잘 나타난다. 아마도 마까라나 자라, 또는 물병 등이 강가나 줌나 여신의 모습을 말해주는 대표적인 상징물일 것이다. 이 외에도 강가 여신의 머리 위에 드리우는 양산이나 혹은 연잎이 힘께 조성될 때가 있는데 이 때는 여신의 수행원이 이를 들고 수행하게 된다. 간혹 물을 상징하는 나가(nāga, 뱀)도 함께 조각되기도 한다. 이러한 강의 여신들과 함께 조각의 패널 속에 등장하는 물병이나 뱀, 또는 연꽃도 대표적인 물의 상징물이며, 여신과 더불어 물이 주는 생명의 번영을 표현하고 있는 것이다.

그리스 신화의 상상계

유재원 한국외국어대학교 그리스-발칸어학과 교수

▲ 올림푸스 신전

그리스 신화의 상상계

Ⅰ. 그리스 신화란 무엇인가?

그리스 신화란 호메로스가 활동하던 기원전 8-9세기에서 '이교 세계' 가 끝나는 기원후 3-4세기까지 그리스어를 사용하는 여러 지방에 널리 퍼져 있던 온갖 불가사의한 설화와 전설을 총칭하는 말이다. 그리스 신화는 이렇게 1200년이 넘는 기나긴 세월에 걸쳐 천천히 형성된 것이다. 이집트와 메소포타미아, 소아시아 지방의 신화가 그리스 신화에 지대한 영향을 끼쳤다. 그리스인 이전에 그리스 땅에 살던 선주민의 종교와 신화 역시 그리스 신화 형성에 적잖은 영향을 끼쳤을 것이다. 그러나 제우스를 비롯한 올림포스 신들에 대한 신화는 인도-유럽어족의 신화에서 유래된 것으로 추정된다.

그리스 신화는 이와 같이 다양한 출처에서부터 형성되었기에 소재가 풍부하고 신화의 성격이 복잡하게 이루어졌으며, 그 내용이 다양하고 서로 모순되는 부분이 많이 생겨 났다. 여기에서 신화는 황당무계한 이야기라는 인상을 주게 된 것이다. 그러나 우리가 신화를 잘 살펴서 신화 속에 겹겹이 쌓여 있는 시대의 층을 분리해 내면, 당시의 신화가 설명하려 했던 세계관이 무엇인가를 찾아 낼 수 있다.

오늘날 우리가 알고 있는 그리스 신화의 원전이 되는 이야기들은 호메로스의 '일리아스' 와 '오디에이아' , 헤시오도스의 '신통기' 와 같은 서사시, 헤로도토스의 '역사', 아이스킬로스와 소포클레스, 에우리피데스의 비극 작품들, 플라톤의 대화편에 산재해 있다. 그리스 신화의 또 다른 중요한 출처는 고대 그리스 도자기의 그림들이다. 이 그림들에는 문헌으로는 미처 전해지지 않는 수많은 신화의 주제와 이야기들을 우리에게 알려 준다.

II. 그리스 신화의 특성

그리스 신화가 다른 나라의 신화들과 가장 차이가 나는 특성은 인간중심주의를 바탕으로 하고 있다는 점이다. 그리스 신화의 신들은 우리 인간이 쉽게 상상할 수 있고 이해할 수 있는 존재들이다. 우선 올림포스의 신들은 상반신은 인간이고 하반신은 뱀이라든가 상반신은 소이고 하반신은 인간 모습을 한 이집트나 메소포타미아의 신들과 달리 인간적인 모습을 하고 있다. 물론 그리스 신화 속에도 이런 신들은 존재한다. 대표적인 것이 상반신은 인간이고 하반신은 말인 켄타우로스와 상반신은 인간이고 하반신은 염소인 사티로스와 판신들이다. 그러나 이들 신들은 신격이 낮은 주변적 존재들이다. 제우스나 아폴론, 아테나 여신과 같은 올림포스의 신들은 가장 이상적이고 완벽한 인간의 육체를 자랑하는 모습들이다. 실제로 그리스 신화에서 반인반수의 모습을 한 존재들은 신들의 저주를 받은 괴물들로서 후대에 헬라클레스나 테세우스와 같은 영웅들에 의해 모두 퇴치된다.

그리스 신화가 다른 민족의 신화와 차이가 나는 두 번째 특성은 마술이나 기적이 거의 나타나지 않는다는 것이다. 물론 그리스 신화에도 마술을 쓰는 신들이나 영웅은 등장하지만 게르만 시화나 켈트 신화에서처럼 중요한 인물로가 아니라 기껏해야 주변적 인물로 등장한다. 예를 들어 켈트 신화의 아서 왕의 이야기에는 멀린이란 위대한 마법사가 등장하는가 하면 이야기 중간 중간에도 수많은 마법과 기이한 일들이 줄지어 일어나지만 그리스 신화에는 그런 일이 없다. 그리스 신화에서 가장 널리 알려진 마법사는 메데이아지만 그녀의 마술도 불을 뿜는 황소와 같은 괴물들에게는 잘 통하지만 출중한 영웅 테세우스 앞에서는 맥을 추지 못한다. 또 다른 마법사인 요정 키르케는 음식으로 사람들을 동물로 둔갑시키는 마술을 사용하지만 역시 뛰어난 영웅 오디세우스에게 이런 마법은 통하지 않는다. 헤르메스란 훨씬 격이 높은 신이 오디세우스를 보호해 주기 때문이다. 또 오디세우스를 7년 동안이나 잡아 두었던 칼리소도 제우스의 뜻이니 그를 그만 풀어 주라는 헤르메스의 말에 불평을 늘어 놓기는 하지만 순순히 그 지시에 따른다.

　이와 같이 그리스 신화에서 마술은 저급한 재주 정도로만 여겨진다. 그리스인들에게 있어서 가장 중요한 것은 마법이 아니라 '아레테(ἀρετή arete)'인 까닭이다. 우리말로 흔히 '덕(德)'으로 번역되는 아레테는 각자에게 잠재되어 있는 능력을 최대한으로 가꾸고 연마하여 최고의 수준에 이르는 경지를 의미한다. 즉 학자의 아레테는 자신의 학문을 최대한으로 발전시켜 초인의 경지에까지 이끌어 올리는 것이고, 운동 선수의 아레테는 세계 기록을 깨거나 경기에서 우승을 하는 것이요, 음악가의 아레테는 최고의 기술과 예술성을 가지고 자신의 음악을 연주하는 것이다. 그리스인들은 이런 경지에 이른 사람들을 영웅, 즉 '헤로스(ἥρως heros)'라 불렀다. 천부적으로 강한 육체를 타고난 헤라클레스가 꾸준히 몸을 가꾸고 운동을 하여 힘이나 운동에 있어서는 아폴론 신과 대적할 만큼 훌륭한 기량에 이르렀는가 하면 오디세우스는 역시 천부적으로 타고난 머리를 최대한으로 활용하여 신들마저 속일 정도로 기막힌 작전과 계략을 세우고 실행한다. 또 헬레네 역시 단순히 타고난 데에 머물지 않고 미인으로서 갖추어야 할 우아함과 건강미, 지성미를 덧붙임으로써 미의 여신 아프로디테에 버금가는 아름다움을 얻었다. 이런 점에서는 신들도 예외가 아니었다. 헤르메스는 전령의 신답게 달리기에서 타의 추종을 허락하지 않았고 아폴론은 음악과 활쏘기에서 다른 신들을 능가했는가 하면 지혜에 있어서는 아테나 여신이 최고였다. 이렇게 신이 준 천부적 재주를 인간의 노력으로 완성하는 것이야말로 인간이 신들에게 바치는 최대의 봉헌물이요 희생이었다. 그러기에 그리스에서는 종교적 중심인 아크로폴리스, 경제적 행위와 정치적 토론의 장인 아고라, 오락과 교육의 장인 원형 극장과 함께 몸과 마음을 수련하는 김나시온이 폴리스의 필수 시설이었다. 그리스인들은 하루의 일과가 끝나면 반드시 이 김나시온로 가서 한두 시간 운동과 음악 연주로 심신을 단련했다. 그리고 이런 정신을 가장 잘 보여 주는 행사가 바로 올림픽 경기였다. 올림픽에서 우승한 사람은 신에게서 받은 소중한 재능을 최대한으로 키운 가장 덕 있는 사람으로 칭송되었다. 따라서 우승자는 다른 사람들도 훌륭한데 자신을 최고의 인간으로 선택한 제우스 신에게 우선 감사의 마음을 갖고 다음 번에도 또 다시 그런 영광을 얻을 수 있도록 더욱 힘쓸 것을 다짐했다. 이런 겸손한 마음을 그리스인들은 '아이도스(αἰδος aidos)' 즉 '염치'라고 불렀다. 이와 반대로 올림픽에서 우승했다거나 인간 가운데 권력을 가졌거나 부귀와 영화를 누리거나, 또는 좀 잘났다고 해서 신들과 맞먹으려는 건방진 생각을 하는 것을 '휘브리스(ὕβρις hybris)', 즉 '오만'이라 하여 가장 경계했다.

그리스인들은 이렇게 자신의 재주를 극대화해 낸 아레테를 지닌 사람에게는 마술이나 사술(邪術)이 통하지 않는다고 생각했다. 따라서 그들의 신화에서 마법사는 설 자리가 없었다. 그들은 적당한 때에 아레테를 지닌 영웅들에 의해 퇴치되어야 할 사악하고 비겁한 존재에 불과했다. 또 사람은 바로 이 아레테에 의해 진정한 인간으로 완성된다고 생각했으며, 최고의 아레테에 도달하면 초인적인 능력을 갖는 영웅으로 승화된다고 믿었다. 따라서 이들은 자신이 바라는 것을 얻기 위하여 마술이나 주문에 의존하지도 않았고 기적을 바라지도 않았다. 또 그리스인들의 상상계에는 신들의 계시도 존재하지 않았다. 우리가 꾸준히 자신을 계발하고 정진한다면 이미 우리 몸과 정신 안에 신들이 준 능력만으로도 무엇이든 이루어 낼 수 있다는 믿음이 그들의 철학이었다. 이렇게 인간의 능력에 대한 무한대의 믿음이 신비주의나 마법이 없는 신화를 창조해 냈다. 영웅들이 위기에 믿는 것은 오직 용기나 지혜와 같은 자신의 능력뿐이다. 자신의 능력에만 의존하여 온갖 위험에 맞서는 영웅의 모습에서 자신의 운명을 스스로 결정하는 자유인의 본보기가 생겨났다. 그리고 이 믿음은 바로 인간 중심 사상, 즉 휴머니즘으로 승화했다. 이것이 바로 그리스 인문주의의 바탕이다.

Ⅲ. 그리스 신화의 그 외의 특성

1. 다양성

그리스 신화는 오랜 세월에 걸쳐 형성되었기 때문에 주제가 다양하고 또 같은 주제를 가진 여러 가지 이본(異本)이 풍부하게 존재한다. 거기에 덧붙여 서사시 작가와 성정 시인, 비극 작가들에 의하여 수많은 개인적 창작이 가미되었다. 그 결과 그리스 신화에는 어떤 다른 신화보다 많은 신과 영웅들이 등장하게 되었다. 그리스 신화에 등장하는 인물은 거의 6,000명에 달한다. 이는 다른 신화에서 찾아볼 수 없는 대규모 집단이다. 또 그리스 신화는 그리스 신화에는 1) 우주의 생성과 신들의 탄생, 2) 인간의 탄생을 이야기하는 천지개벽 설화와 3) 신들의 전쟁 설화, 4) 영웅 설화와 5) 서사시, 6) 민간 설화와 7) 변신 설화와 같은 민담 등 신화의 모든 장르가 나타난다. 한 민족의 신화에 이런 다양한 모든 요소가 나타나는 일은 그리스 신화뿐이다. 인도의 신화에는 천지개벽과 신들의 이야기는 있으나 영웅 설화나 민담은 나타나지 않으며 중국의 신화에도 영웅 이야기는 드물다. 한국 신화는 건국 영웅에 대한 이야기가 주류를 이루며 천지창조에 관한 설화는 거의 없다.

2. 유기적 관계

그리스 신화의 모든 등장 인물들은 거대한 족보에 의해 매우 복잡한 친족 집단을 이룬다. 또 각 친족 집단들은 서로 유기적 관계를 맺으며 하나의 거대한 사회 조직을 이룬다. 이와 같이 방대한 인간 관계를 가진 신화는 그리스 신화뿐이다. 뿐만 아니라 신화에서 일어나는 사건들도 각기 서로 연결되어 거대한 관계망을 형성한다. 원래는 별개의 설화였던 사건들을 서로 연결시키고 또 수많은 등장 인물들을 거대한 관계망에 편입시키기 위해 그리스의 서사시는 운명과 저주, 인간의 오만과 신의 분노, 인간의 반항과 같은 모티브를 사용한다. 이런 기법이 그리스 신화를 문학의 단계에까지 끌어올렸다. 신화가 이런 단계에까지 발전한 것은 그리스 신화밖에 없다.

3. 사실적 분위기

신화의 각 인물들에 족보상에 고유한 위치를 부여함으로써 신화의 인물들은 고유한 이름과 특정 활동 시기를 가진 현실적인 존재로 인식되기에 이르렀다. 이에 따라 그리스 신화는 구체적 인물이 특정한 시기에 특정 장소에서 경험한 역사적 사건을 기술하는 것처럼 생생한 현장감을 띠게 되었다. 신화가 역사의 모습을 띠게 되는 과정에서 고대 동물신 숭배에서 유래된 영웅들에 의해 퇴치되어야 할 괴물로 전락했으며 영웅의 모험에서 마술이나 주문과 같은 민담적 요소가 제거됐다.

4. 이성적 상상계

인간 중심적인 그리스 신화의 상상계는 마술과 주문을 쫓아냈을 뿐 아니라 우리의 이성으로 받아들일 수 없는 황당무계한 상상도 멀리했다. 인류는 태곳적부터 하늘을 나는 상상을 해 왔다. 그래서 어떤 민족은 하늘을 나는 양탄자를 타고, 도 다른 민족은 요술 빗자루를 타고 하늘을 나는 상상을 했다. 그러나 이런 상상은 이성주의자인 그리스인들에게는 어울리지 않았다. 그리스 인들이 생각해 낸 하늘을 나는 방법은 새들의 깃털을 밀랍으로 붙여 그 날개로 나는 것이었다. 바로 다이달로스와 그의 아들 이카로스가 썼던 방법이다. 그러나 이런 방법이 그대로 통용될 리 없었다. 결국 경솔한 이카로스는 너무 높이 날라 올라 태양 가까이 가면 밀랍이 녹을 위험이 있으니 높이 날지 말라는 아버지의 충고를 따르지 않고 한없이 높이 날라 올랐다가 떨어져 죽고 만다.

IV. 그리스 신화의 상상계

'인간은 생각하는 갈대' 이다. 인간은 끊임없이 무엇인가를 생각하고 궁리한다. 그리고 그 많은 생각들 가운데에서 헤어나지 못해 끝없이 갈등하고 망설인다. 아무 생각도 안 하기가 생각하는 것보다 더 어렵다. 정신 통일을 위해 모든 생각을 버리려 하면 오히려 온갖 잡생각이 어지러이 떠오른다. 여간한 경지가 아니고는 무사무념(無思無念)의 상태에 이르기가 결코 쉽지 않다. 인간은 살아가는 동안 거의 한 순간도 생각을 멈추지 않는다.

왜 인간은 생각을 그칠 수 없는 것일까? 알고 싶은 것은 많고 아는 것은 적은 까닭이다. 인간은 태곳적부터 우주의 비밀에 대해 궁금해 했다. 하늘은 왜 푸를까? 그 푸른 하늘 위에는 무엇이 있을까? 흰구름은 어디서 오는 것일까? 해는 왜 떠오르고 지는 것일까? 달이 이울고 차는 까닭은 무엇일까? 강은 어디에서 와서 어디로 가는 것일까? 바다 저편에는 무엇이 있고 산너머에는 누가 살까? 계절의 변화는 왜 생기며 눈과 비는 왜 내릴까? 무엇보다도 우주 삼라만상은 어떻게 생겨났고 무엇으로 되어 있을까? 먼 옛날 우리의 조상들은 그들의 제한된 경험과 지식으로는 이런 질문에 만족할 만한 합리적 대답을 찾을 수 없었다. 그러나 인간은 다행히도 상상력을 가진 존재였다. 풍부한 상상력과 명철한 사고력을 가진 몇몇 천재들은 우주 생성에 대해 우주적 규모의 장엄한 천지 개벽의 신화를 만들어 냈다. 이 천지 개벽의 신화는 생성 순서와 원리 설명에 있어 현대 물리학이 설명하는 우주 생성 이론과 거의 일치하고 있다. 실로 인간 상상력의 위대한 승리였다.

신화 시대 이후 인류는 인지가 발달해 감에 따라 자연 세계에 대한 궁금증을 하나하나 풀어 나갔다. 원시 시대 우리의 조상이 품었던 의문들은 오늘날 대부분 현대 과학에 의해 궁금증이 풀렸지만 그렇다고 인간이 우주와 자연의 세계에 대해 궁극적 해답을 찾은 것은 아니다. 자연과학적 지식은 또 다른 질문을 우리에게 던지고 있기 때문이다. 우주 밖은 어떤 공간일까? 지구 이외의 다른 별에도 생명체가 살고 있는가? 비행접시는 있는 것인가? 과연 블랙 홀은 또 다른 우주로 가는 통로인가? 현재의 과학적 지식이 대답할 수 없는 질문들에 대해 인간은 또 다시 상상력을 발휘하여 또 다른 신화를 창조해 나간다. 백년 전만 하더라도 과학 공상 소설의 중요한 주제 가운데 하나가 화성인이었다. 화성에 지적 존재는커녕 원시적 생명체도 존재하기 힘들다는 사실이 밝혀진 오늘날에도 인류는 더 먼 우주 구석에우리보다 문명이 훨씬 발달한 외계인들이 살고 있으리라는 상상을 그치지 않고 있다. 이와 같이 인간의 지식이아무리 많이 쌓인다 하더라도 인간의궁극적 호기심에는 끝이 없다. 그리고 호기심이 있는 한 인간의 상상력은 계속 신화를 만들어 나갈 것이다. 생각하고 상상한다는 것이 인간의 존재 양식 그 자체이기 때문이다.

인간은 자연에 대해서뿐만 아니라 자신들의 삶에 대해서도 의문을 품었다. 우리는 죽은 뒤에 어떻게 될까? 왜 인간을 비롯한 모든 생명체는 태어나서 병들고 늙어가다가 죽어야만 하나? 또 희로애락을 느끼는 까닭은 무엇인가? 인간의 삶에 대한 물음은 자연에 대학 지식으로도 얻어질 수 없었다. 이런 질문은 지식의 문제가 아니라 철학의 문제이기 때문이다. 특히 사후 세계나 신과 같은 초월적 존재에 대해서 인간은 경험이나 지각을 통해 아무런 지식을 얻을 수 없다. 사후 세계나 신의 존재와 같은 초월 세계에 대해서는 오직 상상하는 것 이외에는 다른 방법이 없다. 초월 세계는 전적으로 신화와 종교의 영역이다.

신화와 종교는 우리에게 보이는 세계만이 아니라 보이지 않는 세계도 존재하고 있다고 가르친다. 우리가 사는 세계는 눈에 보이는 것만 존재하는 것이 아니라 눈에 안 보이는 수많은 다른 존재들이 숨겨져 있는 공간임을 강조한다. 죽음을 넘어선 초월적 존재인 신들과 수많은 정령들이 세계 구석구석을 가득 채우고 있으면서 기적이나 계시를 통해 우리의 삶에 끊임없이 개입하고 있다고 가르친다. 그리고 저 너머 세계의 법칙과 존재들이 우리의 이승에서의 삶을 결정함에 훨씬 더 중요하다고 말한다. 신화에서 죽음은 영혼과 육체의 분리일 뿐이기에 우리의 삶 역시 이승에서 끝나는 것이 아니라 죽음을 넘어서 저 세계에까지 이어진다. 한마디로 신화는 보이는 세계와 보이지 않는 세계를 함께 아우르게 하고, 이승과 저승을 연결해 주는 사상 체계이다.

부조리하고 파란만장한 한 평생을 살아가며 어차피 죽어야 한다는 운명에 당당하게 맞서기위해서는 인간은 죽음을 이해해야만 한다. 그러나 죽음을 이해하기 위해서는 초월 세계의 신비와 영원의 의미를 깨닫고 우리 자신이 누구인가 알아야 한다. 이런 깨달음을 얻기 위해서는 도움이 필요하다. 바로 이런 도움을 주는 것이 신화이다. 신화에는 종교와 철학에 못지않은 인간 세계에 대한 진리를 담고 있다. 신화는 오랜 세월에 걸쳐 인간이 자신의 존재 의미와 세계의 실체에 대한 치열한 진리 탐구를 걸쳐 이룩한 하나의 거대한 사상 체계이기 때문이다. 인간은 죽음이라는 자연 현상 앞에서 느끼는 자신들의 무기력함에 맞서 자신보다

강한 영원불멸의 위대한 존재인 초월적 절대자를 갈망했다. 그리고 우리의 삶이 죽음과 함께 끝나는 것이 아니라 죽은 뒤에는 계속된다고 상상했다. 사후 세계의 삶은 각자가 살아 생전에 행한 일들에 의해 심판받고 그 결과에 따라 낙원에서 지복의 삶을 살게 되거나 아니면 지옥에서 영원한 고통을 받게 될 것이라고 믿었다. 또 어떤 신화는 사람이 깨달음을 얻으면 살아 생전에 이상향에 들어갈 수도 있다고 상상했다.

죽음에 대한 공포와 삶의 허망함을 이겨 보려는 인류의 욕망은 이와 같이 상상력에 의해 조금이나마 이루어질 수 있었다. 그러나 고통스러운 이승의 삶과 아무리 많은 것을 이루어도 채워지지 않는 욕망은 또 다른 방법으로 풀어야 했다. 인간은 아무도 자신의 현재 모습이 궁극적인 모습이라고 생각하지 않는다. 누구나 지금의 모습보다 더 훌륭하고 완성된 자신의 모습을 꿈꾼다. 아이들은 어른이 되고 싶어한다. 또 대부분의 사람들은 남들에게서 지금보다 더 많은 인정을 받고 더 많은 것을 누리고 싶어한다. 더 출세하고 싶고 더 많은 돈을 벌고 싶고 더 멋있어지고 더 건강한 육체를 갖고 싶고 더 편하게 살고 싶어한다. 이런 욕구가 현실에서 충족될 수 없으면 백일몽 속에서라도 그런 욕구를 충족시키려든다. 초인적으로 강인한 육체와 힘을 갖고 싶은 꿈은 헤라클레스와 같은 영웅을 낳았고 하늘을 날고 싶은 꿈은 다이달로스와 이카로스로 하여금 하늘을 날게 만들었다. 현명함과 꾀가 많은 영웅 오디세우스나 싸움을 잘하는 발 빠른 아킬레우스, 음악의 달인 오르페우스, 사냥의 명수 아틀란테, 아름다움의 극치인 헬레네와 같은 영웅들은 각기 자신들의 분야에서 인간이 이르고자 하는 최고의수준에 이른 이상형들이다. 이런 이상화 를 통해 신화는 수많은 원형들을 만들었다. 그런 까닭에 우리는 신화 속에서 실제의 삶에서보다 훨씬 많고 다양한 인물들을 만날 수 있다. 그리고 인간은 이런 영웅들을 통해 자신의 한계를 벗어나는 대리만족을 맛볼 수 있다.

인간의 상상력은 이에 만족하지 않았다. 인간은 자신들의 시조(始祖)

가 누구이며 또 자신들이 살고 있는 도시와 국가가 누구에 의해 만들어 졌으며 자신들이 갖고 있는 법이자 관습 같은 제도들이 어떻게 만들어 진 것인가에 대해서도 대답을 갖기를 원했다. 또 불의 사용이나 농사나 목축, 항해술과 배 만드는 기술, 바느질, 길쌈, 토기 제조와 같은 기술이 어떻게 인류에게 알려졌으며 농기구나 칼, 도끼, 수레 바퀴와 같은 수많은 발명품들이 누구에 의해 발명되었는지에 대해서도 자신들이 수긍할 수 있는 설명을 필요로 했다. 이런 설명을 만드는 과정에서 인류의 탄생과 각 민족을 일으킨 영웅들이 탄생했고 나라를 세운 뒤 법과 제도를 마련한 건국 영웅들이 등장했다. 또 인류에게 불을 가져다 준 영웅이나 인간에게 토기와 길쌈 등의 기술을 가르쳐 준 영웅, 나라를 세운 건국 영웅, 수많은 문화 영웅들이 탄생했다.

이와 같이 인간의 상상력은 우리의 경험과 지식으로는 해답을 찾을 수 없는 문제들에 대하여 만족할 만한 설명을 마련해 준다. 인간의 지식이 못 미치는 곳에서 상상은 시작된다. 그러나 상상력은 의문에 대한 대답을 주는 기능에만 머물지 않는다. 새로운 것을 고안하고 만들어 나가는 데에도 상상력은 결정적 공헌을 한다. 하늘을 날고픈 인류의 오랜 꿈은 다이달로스와 이카로스에서 끝나지 않았다. 인류는 신화 속의 꿈을 현실로 만들고 싶어했다. 그래서 오백여 년 전에 레오나르도 다빈치는 당시 기술로는 실현 불가능한 헬리콥터를 설계했다. 프로펠러와 톱니로 구성된 다빈치의 헬리콥터는 그가 생각한 재료인 나무 대신 강철로 만들기만 하면 제대로 날 수 있는 훌륭한 기계였다. 다빈치 이후 삼백 년이 흐른 1783년, 몽고르피에 형제는 기구를 만들어 인류 역사상 처음으로 하늘을 날았다. 그리고 겨우 백년 전인 1903년 12월 17일, 라이트 형제의 비행기가 하늘을 날았다. 불과 12초 동안 36미터를 난 초라한 비행이었다. 그러나 위대한 비상이었다. 인간 상상력의 찬란한 승리의 순간이었다. 오늘날 우리에게 비행기 여행은 일상사가 되었다. 한 때 밀랍으로 붙인 깃털로 하늘을 나는 꿈을 꾸던 인간이 이제는 우주 너머로 우주선을 쏘아 올린다.

　신화 속에서 한낱 황당하게 보이던 상상 속의 신기한 물건이 후대에 내려 와서 현실의 발명품으로 만들어진 예는 수없이 많다. 그리스 신화의 대장장이 신 헤파이스토스는 거인과의 전투에서 자신에게 전차를 빌려 준 태양의 신 헬리오스의 은혜를 갚기 위해 헬리오스의 아들 아이테스를 위한 궁전을 지어 주었다. 이 궁전에는 네 개의 수도 꼭지가 있었는데 각 수도 꼭지에서는 더운물과 찬물, 우유와 포도주가 흘러 나왔다. 신화 시대 사람들에게 이런 수도 꼭지는 황당한 상상의 산물처럼 보였을 것이다. 그러나 우리는 지금 더운물과 찬물이 흘러 나오는 수도 꼭지를 갖춘 집에 살면서 자판기 앞에서 동전을 넣고 단추를 눌러 커피, 우유 등을 원하는 대로 뽑아 먹는다. 또 쏘기만 하면 목표물을 향해 자유자재로 날아가 명중하는 아폴론의 화살은 현대의 열 추적 미사일의 전신이다. 제우스는 올림포스의 궁전에 앉아 먼 곳 트로이아에서 벌어지는 전투 장면을 손바닥 보듯 환히 꿰뚫어 보았다. 이런 일은 고대 그리스인들에게는 신화 속에서나 가능한 일이었다. 그러나 이동 통신과 텔레비전, 인공위성과 고감도 안테나로 지구 위를 구서구석 샅샅이 감시하는 오늘날 이는 현실이 되었다. 우리는 안방에 앉아 동화상 전화를 이용해 먼 거리에서도 상대방의 얼굴을 보며 통화하고 세계 곳곳에서 일어나는 일을 실시간으로 다 보고 듣는다. 이런 현실은 우리 조상들에게는 백일몽이었을 뿐이다. 신화에는 아직 발명되지 않은 수많은 신기한 물건들이 등장한다. 머리에 쓰면 보이지않는 투명인간이 되는 하데스의 황금 투구와 건드리기만 하면 어느 동물이든 잠들게 하는 헤르메스의 지팡이, 허리에 차면 모든 남성들의 정욕을 자극한다는 아프로디테의 허리띠, 자동으로 굴러다니며 시중을 드는 식탁, 헤파이스토스가 황금으로 만든 말하는 소녀 로봇, 하늘을 날게 해주는 날개 달린 샌들, 이와 같은 물건들은 아직은 존재하지 않지만 언젠가는 누군가의 손에 의해 만들어 질는지도 모른다. 줄 베르뉴이의 말대로 누군가가 상상한 것은 누군가가 만들 것이기 때문이다.

신화는 우리에게 인류가 어떤 꿈을 꾸어 왔는가를 가르치는데 그치지 않는다. 우리가 꾸어서는 안 되는 인간의 어리석은 꿈에 대해서도 분명한 경고를 한다. 이탈리아 남부 쿠마에의 여신관이었던 시빌라는 아폴론의 사랑을 받아들이는 조건으로 영원한 삶을 얻었다. 그러나 영원한 젊음을 달라고 하는 데까지 생각이 못 미쳤다. 아폴론은 사랑이 식자 떠나가고 세월과 함께 시빌라는 늙어 갔다. 늙어 감에 따라 그녀의 몸은 쇠약해져서 항아리에 들어갈 정도로 점점 쪼그라들었다. 사는 것이 고통이었다. 이제 그녀의 소원은 오히려 죽는 것이었다. 그러나 영생의 몸이기에 죽을 수 없었다. 죽을 수 없는 고통스러운 삶, 그것은 축복이 아니라 저주였다. 인간이 영원한 삶을 꿈꾸는 것은 어리석은 짓이다.

또 트로이아의 공주 카산드라는 아폴론 신을 속여 예언술을 배웠지만 아폴론에게 설득력을 빼앗겼기에 아무도 그녀의 예언을 믿지 않았다. 아무도 믿어 주지 않는 예언은 고통일 뿐이다. 오히려 미래 일을 모르는 채 당하는 것보다 훨씬 고통스럽다. 미래에 대한 예언을 하겠다는 것도 불경스럽고 오만한 욕심이다. 인류의 미래 운명을 아는 것은 우리에게는 허락되어 있지 않은 일이다. 그러나 많은 미래학자들이 이런 시도를 끊임없이 하고 있다.

소아시아 지방 프리기아의 왕 미다스는 자신이 손으로 만지는 모든 것이 황금이 되게 해 달라고 디오니소스에게 부탁했다. 신은 그의 소원을 들어 주었다. 처음에 미다스는 만지는 것마다 황금으로 변하는 것을 보고 무한한 행복감에 젖었다. 세상에서 제일 부자가 되는 일은 황홀한 일이다. 이제 남부러울 것이 하나도 없으리라 생각했다. 그러나 꽃밭을 걷다가 아름다운 꽃에 끌려 만지는 순간 꽃은 생명을 잃고 황금으로 변했다. 식탁에서 문제는 매우 심각했다. 손을 대는 음식마다 황금으로 변하자 세상에서 제일 부자인 미다스는 굶어 죽을 위기에 빠졌다. 그가 사랑하는 딸을 포옹하자 그 딸마저 황금으로 변하는 것을 보고서야 미다스는 비로소 자신의 잘못을 깨닫고 신에게 용서를 빌고 겨우 제 모습을 되찾았을 수 있었다. 돈을 많이 벌어 잘 먹고 잘 살고 싶다는 소원은 사람이면 누구나 갖는 소박한 꿈이다. 그러나 미다스 왕의 이야기는 이런 천박한 꿈이 가지고 있는 위험성을 경고하고 있다. 돈에 눈이 멀면 꽃도, 음식도, 심지어 제 가족과 자식까지도 뒷전으로 밀린다. 부자는 될지 몰라도 사랑은 메마르고 인간으로서 갖춰야 할 기본적인 인간성마저도 말라 버린다. 최근에 '부자 아빠, 가난한 아빠'와 같은 책이 잘 팔리고 모든 사람들의 관심이 돈 버는 데에만 기우는 것은 위험스러운 현상이다. 꾸면 안 되는 꿈을 꾸는 것이기 때문이다.

소아시아 리디아의 왕 탄탈로스는 올림포스 산에 올라가 신들과 함께 식사를 할 정도로 신들의 사랑을 한 몸에 받았다. 어느날 제우스가 탄탈로스에게 소원을 묻자 탄탈로스는 자신도 올림포스 신들과 똑같은 행복을 누리고 싶다고 말했다. 인간인 주제에 감히 신들과 같은 행복을 누리겠다는 탄탈로스의 말에 제우스는 역겨움을 느꼈다. 그러나 신의 약속인지라 제우스는 탄탈로스에게 올림포스 신들과 마찬가지의 행복을 선사했다. 하지만 탄탈로스 머리 위에 커다란 바위 하나를 매달아 놓았다. 이 바위는 탄탈로스가 움직일 때마다 떨어질 듯 위태롭게 공중에 대롱대롱 매달려 있었다. 탄탈로스는 언제 그 바위가 자신을 짓뭉갤지 몰라 전전긍긍하며 나날을 보내느라 모처럼 얻은 신과 동등한 행복을 맛볼 수 없게 되었다. 인간으로서 신과 같이 되고 싶다는 탄탈로스의 꿈은 가장 위험한 꿈이다. 인간은 신이 아니기에 완벽한 존재가 될 수 없다. 그러나 현대인들은 과학과 기술의 힘을 과신한 나머지 신을 밀어내고 자신들이 스스로 신이 되려 하고 있다. 이런 오만은 하느님의 분노를 불러일으킬 뿐이다. 이미 과학이 내뿜은 공해는 자연계를 교란시켜 생태계의 파괴와 환경 오염이라는 심각한 후유증을 드러내고 있다. 엘니뇨와 오존층 파괴를 비롯한 기후 이상이 나타나 지구촌 곳곳에서 이제까지 인류가 경험하지 못했던 재앙을 가져오고 있다. 현대인의 상상력은 자연을 계속 망가뜨리고 인간 자신을 파괴하는 것처럼 보인다. 과학이 단순히 지식과 의식 세계만을 포함한다면 신화는 의식과 무의식, 존재하지만 우리가 미처 보지 못하는 미지의 세계와 초월 세계에 대해 이야기한다. 영혼 활동의 지극히 일부분에 지나지 않은 이성이 인간 영혼 전체를 지배하려 한다는 데에 과학의 오류가 있다. 과학과 현대 산업 사회의 기술이 우리에게 가져다 준 것은 기껏해야 물질적 풍요뿐이다. 그러나 이 물질적 풍요는 정신적으로는 오히려 더 황폐화하게 만들었다. 물질적 풍요가 인류의 이상이라는 잘못된 꿈을 꾸는 현대인들은 첨단 과학의 뒤안길에서 공허함을 느끼고 물질 만능주의에 빠져 모든 것을 소유의 대상으로 삼아 즉물적이고 감각적 세계를 추구한다. 그러나 물질을 소유하면 할수록 그가 느끼는 공허함은 더 깊어 갈 뿐이다. 영원불멸하고 초월적 세계에 대한 은밀한 욕망은 결코 지워지지 않기 때문이다. 이제 인류는 이런 잘못된 꿈을 접어야 한다. 자연으로 돌아가는 꿈을 꾸어야 한다. 예쁜 꿈을 꾸어야 한다. 그 꿈 속에서 우리의 후손들이 살아갈 것이기 때문이다.

인간의 본질은 꿈에 있다. 꿈이야 말로 인간을 인간답게 살아가도록 만들어 주기 때문이다. 인간은 현실 없이도 살 수 있지만 꿈 없이는 살 수 없다. 인간은 상상했던 모든 것을 신화로 만들어 놓았다. 신화는 인류가 바라고 꿈꾸어 왔던 모든 것이 담겨 있는 보물 창고이다. 21세기는 문화의 시대이다. 남들이 미처 생각하지 못한 아이디어와 기상천외한 콘텐트가 국가 경쟁력과 직결되는 시대이다. 어디서 이런 것들을 찾을 것인가? 대답은 간단하다. 신화를 체계적으로 주의 깊게 연구하는 것이다. 신화에는 몇 십만 년이라는 긴 세월에 걸쳐 우리들 선조들이 상상했던 온갖 신기하고 기발한 아이디어가 수없이 숨어 있다. 그 가운데에는 아직 실현되지 않은 것들도 많이 있다. 그 아이디어들이 아무리 황당무계하게 보일지라도 먼 훗날 인류는 기어이 그 상상을 현실로 만들고야 만다. 지금 우리가 살고 있는 현실 서계에 존재하는 많은 것들은 먼 옛날 우리 선조들에게는 꿈이었다. 인류가 존재하는 한 이런 현상은 계속

된다. 신화 속에 미래가 있다. 신화는 옛날 이야기가 아니라 미래에 대한 이야기이다. 신화를 이해한다는 것은 인간을 이해하는 동시에 미래를 이해하는 것이다.

페르시아의 신화와 역사

최혜영 전남대학교 사학과 교수

▲ 아후라마즈다신의 상징 - 페르시아 수도 아파다나궁 부조

페르시아의 신화와 역사

Ⅰ. 들어가는 말 : 신화와 페르시아

21세기는 3F(Female, Feeling, Fiction)의 시대, 혹은 Dream Society의 시대라고 한다. 꿈을 자극하는 사회, 상상력과 감성적 스토리가 세계를 지배하는 시대가 될 것이라는 의미이다. 최근 전 세계적으로 인기를 끈 영화나 소설 등을 보면 이러한 경향은 그대로 드러나는데, 아바타를 비롯하여 해리 포터 시리즈, 반지의 제왕시리즈, 나니아 연대기 등이 모두 그러하다. 그런데, 이러한 상상력과 영감의 원천 중 하나는 신화이다. 요즈음 신화가 유행하는 이유에 대해서는 여러 가지 설이 있다. 신화 이야기 자체가 재미있기 띠문이라는 설, 혹은 오늘날 과학주의 시대의 과학적 합리성, 이성만으로는 충족되지 못한 감성적 부분이 신화로 충족되기 때문이라는 설, 인간의 본연적 상상력 때문이라는 설, 신자유주의자들의 음모 때문이라는 설, 컴퓨터 비주얼 CG 기술의 발달로 신화적 세계의 생생한 재현이 가능해졌다는 설 등등이 그것이다. 여하튼 신화라는 코드가 오늘날 우리를 둘러싸고 있는 세계를 이해하는 하나의 열쇠가 된 것은 틀림없는 듯 하다. 세계 여러 나라는 각각의 신화를 가지고 있는데, 그 중에서도 페르시아 신화는 동서양을 잇는 신화 세계를 가지고 있다. 그리스 등의 유럽과 인도와 중국 등 아시아의 중간에 있었던 페르시아의 지정학적 위치ㄴ 역사 때문에 더욱 그리한데, 특히 우리나라와도 신화적으로 밀접한 연관성을 가지는 점은 매우 흥미롭다. 페르시아의 신화를 제대로 이해하기 위해서는 먼저 페르시아의 역사를 이해할 필요가 있는데, 신화란 역사를 바탕에 두고 생겨나기 마련이기 때문이다. 처음에는 신화 세계에 해당하는 고대의 역사, 이란 지역이 이슬람화되기 전의 역사를 중심으로 간단하게 살펴보고, 그 다음, 페르시아 신화에 대해서 구체적으로 살펴보겠다.

II. 페르시아의 역사

1. 페르시아의 출현

페르시아라는 이름은 페르사에라는 이름에서 연유하였다고 하며, 기원전 수천 년 전에 이란고원을 중심으로 나타나, 엘람 족을 비롯한 여러 이민족의 지배를 받다가 기원전 6세기경 소아시아와 메소포타미아, 이집트 등 전 오리엔트 지역을 통합하고 동쪽으로는 인더스강까지 이르렀던 강력한 고대 제국이었다. 페르시아주의나 페르시아 풍을 '메디즘' 이라고도 하였는데, 그것은 페르시아와 메디아의 역사적으로 깊은 관계 때문이다. 오리엔트를 최초로 통일하였던 아시리아제국은 가혹한 통치 체제로 곧 무너져, 이집트, 리디아, 신바빌로니아, 메디아 네 나라로 분열되었다. 메디아 왕국은 유라시아를 넘나들던 기마민족이었던 스키타이의 침입으로 한때 그 속국이 된 적도 있었으나, 키악사레스라는 왕이 여러 군사 제도를 개혁하여 스키타이족을 쫓아내고 메디아 왕국을 회복하였다. 그 다음 왕은 아스티아게스였다. 아스티아게스 왕은 이상한 꿈을 꾸었는데, 그의 딸 만다네 공주가 오줌을 누자 전 아시아 대륙이 그 오줌에 잠긴다든지, 만다네의 생식기에서 나온 포도나무가 전 대륙을 덮는 등의 꿈이었다. 신관이 그 꿈을 만다네의 아들이 전아시아를 지배

할 것이라고 해석하자 아스티아게스는 이를 싫어하여, 자기 딸을 당시 메디아 지배를 받던 페르시아의 한 청년과 결혼시켰다. 그 사이에 태어난 아기가 키루스였고 후일 키루스 대왕이라 불리는 페르시아의 건국자가 되었다. 키루스는 구약성서에서도 나타나며(키루스-고레스), 그리스인들의 존경도 한 몸에 받아, 그리스 역사가 크세노폰은 키루스 대왕의 일대기를 적기도 하였다. 오줌꿈 이야기는 우리나라 신라의 김유신의 누이들에게서도 보이며, 고려 왕건의 할머니에게서도 나타난다.

2. 아케메네스조 페르시아

키루스 대왕은 오리엔트를 통일하는 과정 중에 죽고 그 아들 캄비세스가 왕이 되었다. 하지만 캄비세스는 이집트를 원정하던 당시 숭배의 대상이던 아피스 황소에 불경한 행동을 취하는 등 왕으로서 적절치 못한 행동을 하다가 결국 정신착란으로 죽게 되었다고 한다. 캄비세스의 동생(바르디야 / 가우마타)이 있었지만, 키루스의 일족이던 다리우스 1세가 왕이 되었으며, 다리우스 역시 대왕이라는 칭호를 얻을 정도로 강력한 패권을 이루고 오리엔트 지역을 통일하는데 성공하였다. 유명한 베시툰 돌의 주인공(아후라 마즈다의 의지에 따라서 왕이 되었다고 되어 있다)이기도 하며 역시 구약성서에도 나타난다(다리우스-다리오).

사진 1. 베시툰 스톤 : 다리우스와 짓밟히는 가짜 가우마타, 지상 91m

아케메네스 왕조 페르시아의 세력은 전 오리엔트를 통일하고, 인더스 강까지 진출할 정도로 엄청났다. 통치술도 뛰어나 강력한 중앙집권 정책을 써서 왕의 눈, 왕의 귀라 불리는 감찰관을 파견하고 왕의 도로를 닦아 엄청난 속도를 자랑하는 역전제를 정비하여 통솔하였다. 발달한 역전제도로 인해서 페르시아의 수도 수사에서 변경인 소아시아의 사르디스까지의 2400km를 단 10일 만에 주파할 수 있었다고 한다. 다른 한편 이민족 관용정치를 펴서 각 민족의 종교나 관습 등을 존중하여 주었으므로 오랫동안 번영할 수 있었다. 수도는 수사와 페르세폴리스 두 군데에 있었다. 관개시설도 뛰어났고, 사막에 지하수를 끌여들여 일종의 '파라다이스(원래 왕의 정원과 오아시스를 가르키는 말)' 를 조성해내기도 하였다.

작년 국립박물관 및 제주도 박물관 등지에서 가진 페르시아 특별전에서는 페르시아의 유물유적이 전시된바 있다. 이때 페르시아의 수도였던 페르세폴리스의 아파다나 궁전의 일부 유적이 전시되기도 하였다.

3. 아케메네스조 페르시아의 멸망과 헬레니즘 시대

다리우스는 그리스를 침공하다가 아테네와의 마라톤 전투에서 물러나고, 그 아들 크세륵세스는 그리스를 재침하였지만 아테네와 스파르타 등의 그리스 연합군과의 싸움에서 고전 끝에 성공하지 못하였다. 페르시아는 결국 다리우스 3세 때 마케도니아의 알렉산드로스 대왕에게 패배하게 되어 무너지게 된다. 알렉산드로스는 페르시아를 정복하고 계속 동쪽으로 진격하여 인더스 강까지 도착하는 등 동서양에 걸친 세계제국을 세웠다. 재미있는 사실은 페르시아 인들은 알렉산더로스 대왕을 아케메네스 왕조의 서자로 만들었다는 점이다. 이스칸다르나메(알렉산더 책)에 의하면, 한 그리스 여자가 페르시아 왕의 아이를 낳았는데, 이 아기가 그리스로 가서 입양되어 알렉산드로스 왕자로 성장하게 되었다고 한다. 아기 알렉산더로스는 별들로부터 힘과 용기, 지혜를 받았고, 세상의 열쇠도 얻었다. 원러 페르시아왕의 아들이었던 알렉산드로스는 커서는 다리우스왕의 딸 룩산나와 결혼함으로써 정통 페르시아 왕위 계승자가 되었다는 식의 전승이 만들어진 것이다.

알렉산드로스가 33살의 젊은 나이로 죽자, 알렉산더로스 제국은 마케도니아, 시리아, 이집트의 세 나라로 곧 분열되었다. 페르시아 쪽 영역은 시리아의 셀레우코스 왕조의 지배 아래 들어가게 되었는데, 시리아 왕조는 메디아를 중시(훌륭한 기병용 군마의 산지. 박트리아로 가는 교역로)하는 정책을 펴기도 하였다. 이후 여기서 파르티아가 독립하게 되고, 파르티아는 아케메네스조 페르시아와 나중에 나타난 사산 왕조 페르시아 사이의 고리 역할을 하였다.

4. 사산왕조 페르시아

사산의 손자 아르다시르 1세가 아케메네스조 페르시아를 이어 새로운 왕조를 창건하였으므로 이를 흔히 사산왕조 페르시아라 부른다. 이때 서쪽에서는 세계 제국 로마가 있었다. 사산 왕조의 전성기 때 왕인 샤푸르 1세는 로마 황제 고르디아누스 등을 포로로 하는 등 강력한 국력을 자랑하였다. 사산 페르시아는 동쪽으로도 진출하여 인더스 유역을 정복하고, 사마르칸트로 진입하고, 쿠샨왕조의 왕을 퇴위시키고 사산조 계열 사람을 왕으로 즉위케 할 정도로 서로는 유럽, 동으로는 인도에 이르는 강력한 제국을 성립시켰다. 마니교를 만든 마니도 사산 왕조를 배경으로 활약하였는데, 마니는 조로아스터교 성직자들의 배척으로 죽임을 당한다. 사산 페르시아에는 바람 5세 같이 인기 있는 용감무쌍한 통치자이자, 시인이고 음악가 왕도 나타났으며, 특히 왕중왕이라 불리던 호스로우 아누시르반(불멸의 영혼 호스로우)가 나타나 예술과 과학이 발달하는 등 번영기를 누렸다. 후대에 가면서 서쪽의 비잔티움 제국과 동쪽에서 새로 흥기한 아랍족 사이에서 많은 전쟁을 치르게 되면서 결국 이슬람 세력에게 멸망하게 된다. 이후로는 이슬람 시대로 접어든다.

5. 그리스인이 본 페르시아

그리스 신화 속에는 페르시아와 관련있는 영웅들이 나온다. 대표적인 영웅은 바로 페르세우스인데, 그는 잘 알려져 있다시피, 메두사의 머리를 베고, 페가소스라는 천마를 얻은 영웅이다. 그가 바다괴물로부터 구하여 결혼까지 한 여성은 이디오피아 공주 안드로메다이며 안드로메다의 어머니는 카시오페아 왕비로서, 오늘날 모두 별자리의 주인공이 되었다. 페르세우스와 안드로메다 둘 사이에 태어난 아이가 페르세스로서 페르시아인의 조상이 된다.

얼마 전 세계적으로 인기를 끈 영화 '300'에 보면 페르시아의 왕 크세륵세스가 등장한다. 단순하면서도 기품과 힘이 있어 보이는 스파르타군에 비해서 상당히 기괴하게 치장된 모습으로 나타났다. 하지만 실제와 영화 속의 페르시아왕은 많이 달랐을 것으로 보인다. 그리스 역사가 헤로도토스에 의하면 페르시아인들은 다른 인종과는 달리 높은 산에 올라가 제사를 지내는 풍습이 있고, 해 달 땅 물 불 바람에 제사지냈다고 한다. 인사방법은 신분이 대등한 경우는 서로 입을 맞추고, 낮은 신분일 경우는 뺨에 입을 맞추고, 높은 신분의 사람에게는 엎드려 인사를 나누었다고 한다. 페르시아인은 자기 나라와 가까이 사는 민족일수록 우대하였고, 멀리 떨어진 민족일수록 경멸하는 경향이 있었지만, 페르시아인만큼 외국의 풍습을 잘 받아들이는 민족은 없다고 할 정도로 여러 민족의 풍습이나 관습을 쉽게 받아들였다. 남아들은 5세부터 20세까지 오로지 말타는 것과 활쏘는 것과 정직할 것만 가르쳤다고 한다. 특히 이들은 거짓말을 치욕적인 것으로 여겼다.

페르시아의 왕궁 예법은 매우 정교하게 발달하여 있었다. 여러 가지 의례나 예술은 정치에 활용되어 만인과 만물위에 군림하는 왕의 이미지를 강화하는데 활용되었다. 구약성서의 에스더서에는 왕의 허락 없이는 왕비도 왕 앞에 나아갈 수 없도록 되어있었을 정도였으니, 다른 사람들일 경우는 더욱 규제가 심하였음을 알 수 있다. 자주색 등의 화려한

옷과 여러 종류의 보석으
로 치장을 하고 머리에는
띠를 띤 왕은 높은 곳 휘장
속에 앉아있고, 알현자는
지정된 곳까지만 접근하여
왕의 다른 지시가 있을 때
까지 무릎을 꿇고 땅에 입
을 맞추는 자세로 엎드려
있어야만 하였다. 왕의 허
락 없이 움직이거나 말한
다는 것은 죽음을 의미하
였다.

사진 2. 사산 왕조 페르시아 사냥무늬 은접시

III. 페르시아의 신화

1. 시간과 우주의 창조

이와 관련한 사료는 사산왕조기에 기록된 분다히시(창조기)로서 성경의 창세기와 유사한 묘사도 보인다. 이에 의하면 인류역사는 선의 신 아후라마즈다와 악의 신 앙그라 마이뉴의 대립 과정으로 만이천년의 시간으로 구성되어 있다. 만이천년은 네 번의 삼천년의 시기로 구분된다. 처음 우주는 거대한 새 달걀의 모습을 하고 있었다.

첫 번째 3천년은 선한 시기로 아후라 마즈다신이 하늘과 별, 달과 해, 바다, 땅을 창조하고, 바다에 뿌리를 둔 최초의 나무와 식물들을 창조하고, 동물들을 창조하고, 인간을 여섯 번째, 불을 일곱 번째 창조하였다. 최초로 나타난 동물은 달처럼 밝고 흰 소인데, 이러한 소에 대한 숭배는

사진 3. 페르시아 신화에서 최초로 창조된 동물인 소는 페르시아에서 출토되는 토기에서도 가장 많이 나타나는 동물이다.

아후라 마즈다 교에서 중요한 역할을 한다.

첫 삼천년 동안 악의 신 앙그라 마이뉴는 잠을 자고 있었는데, 여자악마 자히(월경)가 나타나서 그를 깨웠다. 제2기의 3천년은 선과 악, 빛과 어둠, 선신 아후라 마즈다와 악의 신 아리만이 각기 자신이 만들어 낸 창조물들을 통하여 전쟁하는 시대이다. 악의 신이 최초의 동물인 소를 공격하여 죽이자, 죽임을 당한 소의 씨앗(정자)이 달에서 정화되어, 여기서 동물, 물고기가 나오고, 소의 골수에서는 곡식이, 뿔에서는 콩이, 코에는 부추가, 피에서는 포도 덩쿨이, 허파에서는 약초가, 심장에는 백리향이 나왔다. 악의 신은 또한 최초의 인간 기요마르트도 공격하였는데, 역시 그의 정자(씨앗)가 해에서 정화되고, 사지에서 금은 등 귀금속 8종이 나타났다. 금은 40년간 땅에서 보호를 받게 되는데, 여기서 첫 인간 부부가 태어났다. 최초에는 식물의 모습이다가, 마시야와 마시야나그 라는 두 인간 남녀가 되었고, 숨이 들어가면서 영혼이 생겼다. 두 인간의 첫 행위는 씻는 것이고, 첫 말은 아후라 마즈다가 물과 땅 식물 동물 별 달 해를 창조하였다는 말이었지만, 나중에 타락하여, 앙그라 마이뉴를 창조주라고 말하기 시작하였다. 이들은 양을 죽여서 옷을 만들어 입었지만, 50년간 성욕이 없었다. 그 후에 아들과 딸 쌍둥이를 출산하였는데, 아이들을 너무 사랑하여 먹어버렸다. 나중에 또 다른 쌍둥이가 태어나는데, 이들이 바로 페르시아인의 조상이다. 후손이 늘어 아라비아인 투르크인 인도인 중국인들이 나타났다. 혹은 최초의 인간 기요마르트가 페르시아의 왕이 되어 오랫동안

다스렸다고도 하는데, 어떤 경우이든 페르시아의 땅과 왕이 온 세계 신화의 최초의 중심에 있음을 알 수 있다. 이는 단군 신화를 비롯하여 각 민족의 신화에서 보이는 현상이다.

전쟁 중에 악의 신은 개구리, 뱀, 전갈, 독을 지닌 도마뱀 등을 만들었기 때문에 선의 신은 천계에 있는 시리우스 별을 보내었다. 시리우스 별은 30일간 빛을 쏘며 적들과 싸웠고 최후에는 대홍수를 보내어 악의 세력을 패배시켰다. 이후 대홍수로 땅을 뒤덮고 있던 물은 부루카샤라는 바다로 흘러들어 가서 대지를 둘러싸게 되고, 대지는 일곱 개의 주로 나누어졌다. 동·서·남동·남서·북동·서북에 위치한 여섯 개 주, 그리고 그것들에 둘러 쌓여 있는 가장 광대하고 비옥한 땅 일곱 번째 주가 바로 이란이다. 이 일곱 개 주의 바깥쪽에는 알부르즈 산맥이 초록색 목걸이처럼 있다.

처음 창조되었던 나무가 악신의 공격으로 말라 죽은 후에 새로운 거대한 나무가 수많은 종류의 열매를 맺으며, 부루카샤 바다 한가운데에서 솟아 올라왔다. 이 나무 위에는 신령한 새인 시무르그가 둥지를 틀었다. 시무르그는 조로아스터교에서는 사에나 새라고 불리고 있어서, 이 나무를 사에나 나무라고 불렀다. 부루카샤 바다에는 또 한 그루의 나무가 신에 의해 창조되어졌다. '거대한 고케레나' 라고 불리는 나무의 열매는, 악신 아리만이 만들어낸 병에 대항하는, 장수와 만병통치약인 영약으로 만들어진다.

여기서 시무르그 새와 고케레나 라는 나무는 페르시아 신화에서 중요한 신화소이다.

2. 시무르그

페르시아 신화는 그리스 로마 신화나 인도 신화와 달리 별로 많은 신이 나오지 않는다. 그 이유 중 하나는 페르시아의 신화를 담은 대표적 기록인 「왕의 책」 등이 페르시아 지역이 이슬람화된 이후에 쓰여졌기 때문일 것이다. 이슬람교는 유일신 알라 이외의 어떠한 신도 인정하지 않는 유일신교를 신봉하는 종교이므로 이는 당연한 결과이다. 따라서 고대 페르시아 신화 속 신들은 이슬람화 이전에 페르시아인들이 믿었던 조로아스터교의 신화, 전설이나 산발적으로 전하는 페르시아 신화 부분을 통해서 조금씩 알려져 있다. 페르시아 신화에는 신들이 별로 나오지 않는 대신 신통력을 지닌 동물들이 출현한다. 실제로 페르시아인들이 남긴 유물이나 여러 이미지 자료를 보면, 동물 표현을 선호한 것을 알 수 있는데, 날개가 있거나 없거나 그리핀같이 사자 몸에 독수리머리를 가진 동물이거나 독수리 발, 사자 날개, 염소 뿔을 가진 동물 등이 자주 나타난다. 동물 들 중에서도 페르시아 신화에서 가장 두드러지는 동물은 신령한 새 시무르그에 관한 것이다.

시무르그는 지식의 나무에 둥지를 틀고 있으며 영원히 사는 새이다. 페르두시는 이란의 옛날 전설을 재편집한 시집 '왕의 책'에서 시무르그를 영웅 잘을 길러준 양아버지라고 이야기하였다. 즉 새 시무르그가 페르시아의 대표적 영웅 잘을 길렀다는 것이다. 13세기에 파리드 알-딘 아타르는 시무르그에 대해 다음과 같이 이야기한다. 머나먼 옛날 새들의 왕인 시무르그는 찬란한 깃털 하나를 중국 한가운데에 떨어뜨렸다. 이후 혼돈과 무질서에 지친 새들은 모두 새들의 왕 시무르그을 찾으러 가기로 하였지만, 처음에는 매우 두려워하였다. 앵무새는 자신은 아름답기 때문에 새장에 남아 있어야한다고 하였고, 종달새는 사랑하는 장미의 곁을, 자고새는 둥지가 있는 산맥을, 백로는 늪지를, 올빼미는 황무지를 떠날 수 없다고 하였다. 하지만 마침내 새들은 어려운 모험을 시작하여, 일곱 개의 언덕과 바다를 건너기 시작하였다. 하지만 대부분의 새들은 중도에서 포기하였고, 포기하지 않았던 새들 대부분도 가는 도중에 죽고 말았다. 마지막까지 고난을 이겨낸 30마리의 새만 마침내 시무르그의 산에 도착할 수 있었다. 따라서 새들의 왕 시무르그는 바로 이러한 고난을 이긴 새를 의미하는 것으로, "30마리의 새"라는 의미를 담고 있다. 이 새는 후세의 페르시아 문학에서도 심심치 않게 나오며 현대의 동화에도 그려지고 있다. 페르시아의 후예 이란인들은 감당할 수 없는 어려움에 부딪치면 자비심 깊은 시무르그가 넓은 날개를 펴고 구해주는 상상을 아직도 하고 있을지 모른다.

3. 전래 풍습과 우주 나무 고케레나와 카라

신화 등의 문헌적 사료의 부족을 메꿀 수 있는 것은 풍습이나 관습일 수 있다. 오랜 기간 동안 전통적으로 이어온 풍습이나 전래 관습에 신화적 습속 등이 전해오기 쉽기 때문이다. 실제로 이란의 경우도 그러한 모습을 보인다. 예를 들어 '노·루즈' 라 불리는 이란의 새해는 매년 춘분인 3월 21일 경이다. 정확하게는 지구가 태양의 주위를 한 바퀴 돌고 났을 때, 혹은 춘분점이 양의 별자리에 들어갔을 때를 새해가 시작했다고 보는 것이다. 이러한 신년의 풍습은 신화에 나오는 잠시드 왕이 정했다고 한다. 잠시드 왕은 아래 영웅 신화에서 소개된다. 신년에 이란인들은 예전에 우리나라에서 새해에 내걸던 복조리처럼, 7S로 집안을 장식한다. 페르시아 말로 S음이 붙는 7개인데, 그것은 사마누(밀가루), 스이부(사과), 소마그(향료), 산잣드(마가나무), 세르케(식초), 스이루(마늘), 세브제(보리 모종) 등이 바로 그것이다. 그 외에도 두 마리의 금붕어, 색칠한 달걀, 거기에 촛불을 단 등도 내건다. 3월 20일 경이 되면 금붕어를 사라는 소리가 온 동네에 울려 퍼지게 된다.

여기서 두 마리의 금붕어는 중요한 나무 '거대한 고케레나' 의 뿌리를 지키는 '카라' 를 상징하는 것이다. 앞에서 살펴보았다시피, 페르시아 신화에 의하면 인류의 만병을 고치는 영약이 있었는데, 그 약은 '고케레나' 라고 부르는 나무의 열매였다. 고케레나는 바다 속에서 자라는 나무였다. 인류를 파멸시키려는 악한 신이 고케레나 나무의 뿌리를 갉아먹으라고 두꺼비를 파견하였지만 실패하였다. 나무뿌리를 지키고 있는 '두 마리의 신령한 물고기' 가 있었기 때문이다. 이 신령한 물고기의 이름은 카라(Kara)인데, 카라가 온갖 정성을 다하여 지키기 때문에 고케레나 나무가 죽지 않고 잘 자라났고 그 열매와 잎사귀를 먹고 인류가 멸망하지 않고 번창하게 된 것이다. 이 두 마리의 물고기 카라와 개구리 신화소는 우리나라의 가야에 보이는 쌍어문이나 금와왕 이야기를 연상시킨다. 페르시아를 비롯한 지역에 자주 보이는 문양인 쌍어문, 쌍조문, 쌍수문 등은 우리나라에도 가야의 쌍어문 이외에도, 경주에서 발굴된 쌍조문 석조 유물, 금제 기구, 쌍사자 석등 등에서도 닮은 꼴을 발견할 수 있다. 경주에서 서역인 모양의 석상이 세워져 있다는 점과 신라 고분에서 페르시아 제품과 매우 비슷한 유리 술잔과 보검이 출토된 사실은 고대의 문명 교류의 흔적과 가능성을 엿보게 해준다.

또한 신년의 색칠한 달걀은 우주는 커다란 새의 알 모양을 하고 있다는 고대 이란인들의 사고방식을 나타내고 있다. 달걀의 모양을 하고 있는 우주가 커다란 소의 뿔 사이에 놓여져서 일년을 주기로 돌고 있다고 믿었기 때문이다. 오래전부터 있어 온 이란의 축제에는 신년 외에도 사데축제, 동지축제, 연말에 불을 지피는 붉은 수요축제 등이 있는데, 어느 축제에서든 촛불 등은 빠지지 않는다. 축제를 좋아하는 이란인이 촛불 등을 밝히는 것은 빛의 신 아후라 마즈다를 기리기 위한 것이다.

4. 신들의 세계

최고신은 아후라마즈다이다. 그는 선의 신으로서 악의 신 아리만의 적수이기도 하고, 혹은 아후라마즈다는 쌍둥이 신인 선한 신 스펜타 마이뉴의 아버지이자 파괴의 신 앙그라 마이뉴의 아버지라고도 한다.

『가타』에 의하면 태초에 두 신중 한 쪽은 신과 생명을, 다른 한쪽은 악과 죽음을 선택하여다고 한다. 최고신이지만 하위 여러 신들에게도 제의를 바치고 그들에게 도움을 요청하기도 하는 점은 흥미롭다.

아후라마즈다 다음으로 강력한 신이자 후대로 올수록 더욱 중요한 역할을 담당하는 신은 미트라신이다. 미트라신을 찬양하는 장편 찬가 미

르 야슈트에 의하면, 아후
라마즈다 신은 미트라를
가르켜 '내가 넓은 초원의
주인인 미트라를 창조하였
을 때… 그가 나처럼 제의
를 받고 찬미되도록 만들
었다'고 하는 등 찬가의 마
지막 부분에서 아후라마즈
다와 미트라는 하나의 신
으로 일체화되어 있고, 나
중에 둘이 합력하여 악을

사진 4. 아후라마즈다신의 상징-페르시아 수도
아파다나궁 부조

끝장내게 된다. 미트라신은 강력한 승리를 주는 전쟁의 신이자, 태양신
이며, 계약과 풍요의 신. 천개 귀와 일만 개의 눈을 가진 신으로 알려져
있다. 미트라 신이 불교의 미륵불과 관련되어있다고 보는 이들도 있다.
후일의 사산조 페르시아에서 미트라신의 위력은 매우 컸으므로, 사산조
페르시아의 군사력을 경탄한 로마 제국의 군인들 사이에서 미트라신의
인기는 매우 높았고, 지금도 영국, 이탈리아 등 로마 제국이 있던 어느
지역에서나 미트라 신의 신당은 많이 발견된다.[1] 미트라교는 크리스트
교와도 비슷한 것이 많아서 테르툴리아누스라는 로마 시대의 크리스트
교도는 사탄이 기독교를 모방하여 만든 종교가 미트라교라고도 하였
다. 그 외, 여신 아나히타가 중요하며, 바람의 신인 바유, 아흐라마즈다
의 아들이자 불의 신인 아타르가 있다. 하오마라는 신은 식물의 이름이
기도 한데, 이 식물의 액은 초자연적인 힘이 있어서 사람을 취하게 하

---

1) 미트라교의 일곱단계 : 까마귀 수성 - 신부 금성 - 군인 화성 - 사자 목성 - 페르시아인 월
　달 - 태양신 전달자 - 아버지 토성

고, 풍작과 아들을 가져다주는 신으로 미트라 신의 사제이기도 하다.

5. 조로아스터교

1) 조로아스터(니체의 짜라투스트라와 메소포타미아의 지우수드라)

조로아스터교는 조로아스터가 창시하였다고 하는 페르시아의 대표적 종교로서 그 경전은 아베스타이다. 마이어는 "조로아스터는 종교사의 흐름을 창시하고 형성한 첫 인물"이라 하면서 그 의미를 중시한다. 조로아스터는 자오타르 즉 제의를 수행하는 사제, 혹은 찬송하는 자라는 의미를 가지고 있다. 그의 일생은 다음과 같다고 전한다. 그는 말을 사육하는 부족인 스피타마씨족 출신으로, 세계를 구성하고 있는 일곱 땅 가운데에서 가장 중심의 땅에서 태어났다. 그의 어머니는 조로아스터의 불꽃을 몸속에 받아들인 순간 거대한 빛에 둘러싸였으며, 3일 동안 집이 불에 타는 듯 하여 사람들은 화재가 난 것으로 생각하여 도망하기도 하였다.

조로아스터는 눈부신 빛을 내는 아기로 〈웃으면서〉 태어났으며, 물과 식물도 그의 탄생과 성장을 기뻐하였다고 전한다. 하지만 태어나자마자 악마들에게 공격받아 여러 가지 시련을 거쳐야하였다. 불타는 장작위에 던져지고 늑대 굴에 던져지는 것, 그리고 가난하게 살아야하는 것 등이었다. 당시 조로아스터는 선의 신 아후라 마즈다의 이름으로 전통적인 종교와 사제를 공격하였으므로 처음에는 배척을 심하게 받았다. "어느 나라로 도망가야 하는가 어디로 가야하는가 나는 내 가족으로부터 내 부족으로부터 버림받았다. 마을도 지도자들도 나에게 호의적이지 않다." 라는 그의 말이 이를 잘 보여준다. 하지만 후리야나 부족의 수장 위슈타스파을 개종시키는데 성공하여, 이후 위슈타스파는 조로아스터의 친구이자 비호자가 되어주었다. 조로아스터는 77세에 불의 신전 안에서 살해됨으로써 일생을 마치는데, 이때 그를 암살한 사람들은 늑대로 변장하였다고 전한다. 부인은 셋이 있었고, 일만 이천년 후, 세계의 역사가 끝날 때 구세주 사오샨트를 태어나게 할 예정이었다고 전한다.

2) 조로아스터교의 특징

조로아스터교의 중요한 특징은 우주론과 이원론적 특징에 있다. 선의 신과 악의 신, 선과 악, 빛과 어드움, 메시야의 출현, 최후의 심판, 죽은 자의 여행 등을 주요 교리로 삼고 있다. 조로아스터교의 신들은 형상이 없고, 우상이 없고 신전도 세우지 않는 특징이 있다. 또한 불이 인간보다도 더 늦게 7일째 창조되었으며, 불을 숭상한다고 여겨져서 중국에서는 배화교로도 불렸다. 아후라 다즈다교를 신봉하는 모든 왕들에게 있어 최고의 종교적 행위는 신성한 불을 만드는 것이었다. 아후라 마즈다는 조로아스터에게 "누구에게 제의를 드리겠는가"하고 묻고, 조로아스터는 "당신의 불에 드리겠습니다. 그 불에 숭배의 제물을 드리면서 저의 힘이 닿은 한 정의에 대해 생각할 것입니다."고 대답한다. 선의 신과 악의 신이 쌍둥이로 태어난 것처럼, 세상에도 빛과 어둠의 무리가 있는데, 이러한 선과 악의 대립이 바로 인간의 역사이지만, 결국에는 빛의 군대가 어둠이 군대를 물리치고 세상을 밝히고 최후의 심판이 있을 것이라고 믿었다.

조로아스터교의 이원론적 특색과 빛이나 불, 광명을 숭상하는 교리는 아베스타의 다음 귀절에서 잘 드러난다. "나는 여기서 모든 인생이 첫 단계부터 시작하는 두 신에 대해서 이야기하겠다. 사실 그들에게서 모든 거룩함과 악함이 비롯된다. 보라 사람이 지니는 두 가지 상반된 생각은 결코 일치될 수 없으며 지식이나 행동 혹은 영혼에 이르기까지 철저하게 분리되어 두신의 지배를 받는다."

6. 영웅 신화

1) 영웅 이마 (Yima) 혹은 잠시드

페르시아의 대표 영웅 이마 혹은 잠시드는 가장 위대한 영웅 중의 하나로, 최초의 왕이자 완전한 통치자의 모델이 된 인물이다. 아베스타는 이마를 정의롭고 선한 목자로 묘사하고 있고, 그가 통치한 시대를 최초의 낙원으로 보는 것이 페르시아의 전통적 관점이었다. 즉 이마가 통치한 첫 1000년 동안은 죽음과 고통이 존재하지 않고, 사람들은 영원한 젊음을 유지하였던 황금시대였다는 것이다. 그러나 나중에 이마가 거짓말을 하기 시작하자, 그는 불사성을 잃어버리고 타락하였다. 최고신 아후라 마즈다는 이마에게 겨울이 3년 동안 계속되고, 이 땅 위의 모든 생명이 죽을 것이니, 가장 훌륭한 사람들과 모든 동물 종의 배아를 보존해둘 성(vara)을 하나 건설하라고 지시하였다. 이마의 이름은 후기에는 잠시드로 알려져 있다. 피르다우시의 샤나메 (혹은 왕들의 책-이슬람이전의 페르시아 신화와 역사책으로 1010년경 완성)에서 나오는 최고의 영웅이 바로 잠시드이다. 그는 앞의 이야기와 비슷하게 처음에는 황금시대를 이루었으나 여러번의 300년 / 300년 / 300년 이후에는 거짓말을 하는 죄를 범하고 신을 무시하기에 이르렀다.

2) 뱀왕 아즈다하크 혹은 자하크

이때 악의 신 아리만이 무지와 탐욕으로 영혼을 팔게 되는 아즈다하크(자하크라고도 불림)로 변장(이란인을 정복한 아랍인으로 묘사됨)하여 나타난다. 악한 자하크는 잠시드의 두 여동생을 사로잡아 부인으로 삼고 왕이 되었다. 용의 왕이 된 그의 양 어깨에서는 검정 뱀이 나타났고 이 뱀은 인간의 뇌를 먹이로 하여 살아갔다. 선한 왕의 뒤를 이어 나타난 뱀 왕은 정확히 빛과 반대되는 어둠의 시대를 열었으며, 조로아스터교에 의하면 이 뱀 왕은 '세 개의 입에 여섯 개의 눈을 가진 마귀' 라고 표현되고 있다. 「왕의 책」에서는 뱀 왕은 아랍의 왕이며, 그의 자손들은 언제나 이란을 위협하며 악정을 행한 것으로 나와 있다. 그의 통치는 1000년 동안 계속되다가, 소가 양육한 또 다른 영웅 파리둔의 등장으로 끝내게 된다.

3) 영웅 파리둔

신령한 암소 비루마는 뱀왕 자하크에게 죽임을 당하지만, 죽기 직전까지 다음 대의 왕위를 이어 갈 파리둔을 기르고 있었다. 파리둔은 귀족들의 지도자이자 대장장이 카베(이는 사산 왕조로부터 내려오는 신화소)의 도움을 받아 악한 왕 자하크와 싸워 그를 죽이고 두 왕녀도 구출하였다. 뱀 왕을 죽인 것은 새해 첫날(새해 : 춘분)이었으므로 이후에도 이를 기념하게 되어 오늘날까지 이른다. 파리둔 왕은 세 왕자에게 각각 나라를 나누어 주는데, 이 때 이란, 튀르크, 그리스라는 세 개의 세계가 등장한다. 파리둔은 장남인 사르므에게는 서쪽지방(그리스)을, 둘째 투르에게는 투란(튀르크)과 시나(중국)를, 그리고 막내 이라지에게 가장 좋은 이란을 주었기 때문에, 막내는 형들에게 미움을 받게 되며, 결국 둘째 형에게 죽임을 당하게 된다. 이후의 페르시아 신화에는 이란을 받은 이라지를 죽인 튀르크인이 가장 나쁜 이로 나타난다. 이란을 선의 신 아후라 마즈다 혹은 착한 왕이라고 한다면, 아랍이나 튀르크는 악의 신 아리만 혹은 뱀 왕이 되는 셈이다.

뱀 왕은 근대에 와서는 팔레비 국왕으로 비유되기도 하였고, 사악한 뱀 왕을 파리둔과 함께 그를 쓰러뜨린 용감한 대장장이 신화도 남아 전해졌다. 즉 팔레비 국왕 시대인 1971년에는 이란 건국 2천 5백년 기념 축제가 열렸는데, 그때 사산왕조를 나타내는 '대장장이' 깃발이 바람에 휘날리기도 하였다. 그러다가 1979년 팔레비 왕조가 쫓겨난 이후에는 팔레비 국왕의 양 어깨에 뱀이 살아 움직이고 있는 포스터가 나돌았다. 팔레비 왕을 신화 속의 뱀 왕 자하크로 비유하여 그린 그림인 것이다.

4) 기타

페르시아의 영웅이나 왕은 악이나 죽음의 힘과 싸우며, 생명, 풍요, 선의 승리를 위해 기여하고, 이 세계를 유지시키고 새롭게 하는 일을 돕는다. 또한 용이나 뱀을 죽인 것으로 명성이 높았다. 또 다른 용과 싸운 신화는 사산왕조의 창건자 아르다시르와 케르만의 지도자 하프트바드와의 투쟁에 관한 것으로 페르시아 민족 서사시에 나온다. 이야기 내용은 하프트바드의 딸이 사과에서 한 벌레를 발견하였다. 그녀가 이 벌레를 먹여서 키우게 되는데, 이 벌레 때문에 그녀의 집안은 점점 흥성하게 되고, 벌레도 점점 커져 용으로 성장하였다. 사산 왕조의 선조 아르다시르는 속임수로 벌레에게 쌀 대신 썩은 금속을 먹이로 줌으로써 죽이게 되는데, 이는 사산조 왕조와 지방 세력과의 싸움을 의미하기도 한다. 용을 죽이는 이와 실잣는 아가씨 신화는 스칸디나비아 등 다른 여러 신화에서도 등장한다.

7. 문학적 신화

페르시아의 신화와 문학은 단테의 신곡이나 이슬람 문학의 정수인 천일야화에 큰 영향을 미친 것으로 인정되며, 그 외에도 아더왕이야기, 트리스탄과 이졸데, 파르시팔 등의 이야기의 원형이 된 것으로 보인다. 그 중에서도 죽은 자의 여행에 관한 아르다 비라프의 환상이야기가 유명하다.

1) 아르다 비라프의 환상(사산왕조 후기에 쓰여진 것 3~7세기)

조로아스터는 생전에 아후라 마즈다를 숭배했던 이들을 이끌고 그 사람들 모두와 함께 아후라 마즈다가 창조한 친바트 다리를 건너갈 것이라고 선언하였다(Yasna 46. 10). 각 사람의 영혼은 사후에 이 친바트 다리에서 심판을 받고 각자의 참된 자아와의 만나게 된다. 팔레비어(중세 페르시아어) 문헌에서는 미트라가 스라오샤와 리슈누(천칭을 들고 있음)의 보조를 받아 영혼을 심판한다고 하며, 친바트 다리는 착한 사람이 건널 때에는 다리의 폭이 넓어지고, 악한 자가 건널 때에는 면도날처럼 좁아진다고 한다.

의로운 자의 영혼 urvan은 사흘 동안 자신의 몸 주변에 머문다. 세 번째 밤이 지나갈 무렵 향기로운 바람이 남쪽에서 일어나고 죽은 자의 영혼 (다에나 혹은 프라바시) 즉 다른 세상에 존재하였던 자기 자신이 빛나고 활기 넘치고 아름답고 가슴이 봉긋한 미모의 15세 소녀의 모습으로 나타난다. 미모의 소녀는 나는 당신의 선한 생각, 선한 말, 선한 행동, 선한 종교들입니다. 그런 다음 영혼은 네 걸음 반 만에 하늘의 세 영역(별 달 해 영역, 선한 생각, 선한 말, 선한 행동에 대비)을 가로질러 처음이 없는 빛의 세계 즉 천국에 도달한다. 이 천국의 영역은 네 단계로 되어있다. 흥미로운 것은 근친결혼이 매우 좋은 것으로 권장된다는 점이다.

- 첫 걸음 별의 영역 : 선한 생각의 상. 기도도 하지 않고 근친결혼도 안하고 주권 통치권 족장권을 행사하지는 않았으나 다른 선한 일들을 통하여 신앙이 깊어진 영혼들
- 둘째 걸음 달의 영역 : 선한 일의 상. 세상에서 기도도 근친결혼을 하지 못하였으나 그래도 착했던 사람들
- 세 번째 걸음 해의 영역 : 선한 행위의 상. 선한 주권, 통치권, 족장권을 행사한 영혼들
- 네 번째 모든 영광이라는 환한 곳. 빛으로 이루어진 순수한 곳. '선한 마음'이라는 이름의 대천사. 금은, 기도와 찬송, 근친 결혼한 사람들, 진실한 말, 통치자 군주, 고귀한, 경전 암송, 목자들, 스승과 연구자, 중재자 등이 거주

• 지옥의 영역도 방문
- 악한 자의 영혼은 북쪽에서 불어오는 바람을 타고 감. 악한 영은 사악하고 더럽고 추한 여성으로 형상화. 엉덩이도 홀쭉하고 부스럼투성이 냄새, 더위 추위, 가뭄, 악취, 어둠의 영역에 도달. 그곳에서는 앙그라 마뉴가 악한자의 영혼에게 독을 내주라고 명령을 내린다.

- 지옥장면의 묘사

  동성애자의 벌 : 들보만한 뱀 한 마리가 엉덩이로 들어가 입으로 나
  왔다 함.

  신앙인을 죽인 자의 벌 : 머리 가죽이 벗겨지는 형벌

  아기에게 젖을 안준 여자 : 자기 젖가슴으로 언덕에 구멍을 팜

  주인에게 욕설을 퍼부은 여자 : 혀로 뜨거운 난로를 핥고 있음

  진실하지 못했던 사람 : 거꾸로 매달린 채, 개구리 전갈 뱀 개미 파
  리 지렁이가 몸안으로 들락달락

• 결론

아르다 비라프여, 나를 섬기는 자들에게 이렇게 말하라.

신앙의 길, 지고한 섬김의 길은 오직 하나 뿐, 다른 길은 길이 아니다.
오직 한길을 택하여 그 길에서 고개를 돌리지 말라. 오로지 선한 생각,
말, 행위만을 하도록 하라. 모든 것은 먼지이다. 금과 은이나 사람의 몸
도 모두 먼지에 불과하나 신앙을 가지고 선한 일을 행하는 자만이 먼지
와 섞이지 않는다.

2) 천일야화

두 형제왕. 샤자만 샤리야르.
샤리야르는 왕국의 소유자, 왕이라는 뜻.
샤자만 페르시아어로 왕을 의미하는 샤와 아랍어 자만.
샤라자드 디나자드도 모두 페르시아어 이름.
샤라자드 귀족혈통을 의미.

3) 기타

루스탐과 소랍 그리고 이스판디야르는 모든 이란인의 삶의 일부이며
오늘까지도 그들의 이야기를 읽고 낭송하는 일이 흔함. 위대한 러브 스
토리인 비스와 라민의 사랑 이야기, 쿠스로우와 시린의 사랑이야기 등

도 있다.

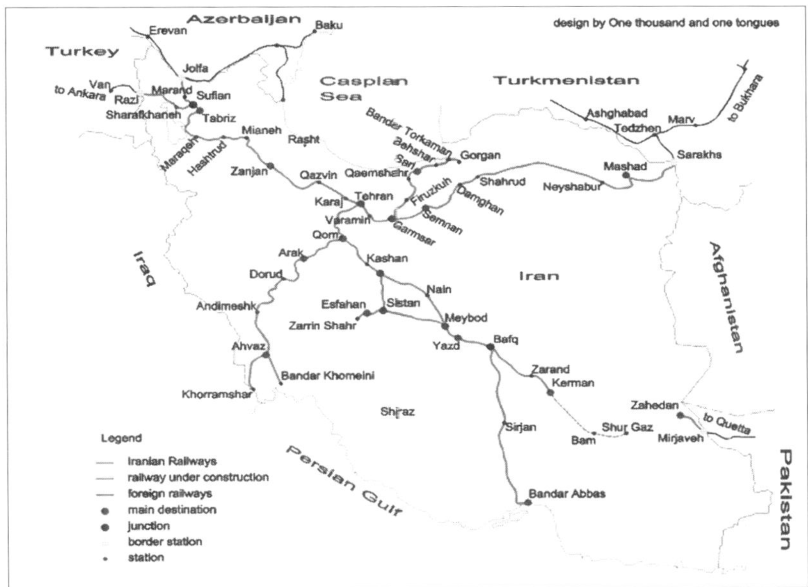

지도 1. 오늘날의 이란

국립제주박물관 문화총서 **9**

인류문화의 판타지, 신화

초판 인쇄일   2010년 3월 19일
초판 발행일   2010년 3월 23일

편   자 국립제주박물관

발 행 인 김선경
책임편집 김윤희, 김소라
발 행 처 **서경문화사**
  서울특별시 종로구 동숭동 199 - 15(105호)
  TEL : 743 - 8203
  FAX : 743 - 8210
  E-mail : sk8203@chollian.net

등록번호 1-1664호

값 11,000원
ISBN 987-89-6062-050-6(93900)
ⓒ국립제주박물관, 2010